公共施設のしまいかた

まちづくりのための自治体資産戦略

堤 洋樹 編著

小松 幸夫
池澤 龍三
讃岐 亮
寺沢 弘樹
恒川 淳基 著

学芸出版社

はじめに

　財政状況が厳しい自治体では、公共施設の総量削減が不可欠である。
…という説明を、この本を手に取っていただいた方であれば、自治体職員
である・なしに関わらず、一度は聞いたことがあるでしょう。基本的に建
物の維持管理費や運用費は建物の規模や延床面積に比例することから、財
政状況が厳しい多くの自治体では、負担削減のために公共施設の削減が必
要な状況にあるのは間違いありません。もちろんその前提として、全国的
に地方都市では人口減少や少子化などが進んでいることが挙げられます。
例えば全国の公立小学校数は、1989（平成元）年には2万4608校でした
が、2016（平成28）年には2万11校と2割弱減っています。この数字を
見る限り、着実に公共施設の総量削減は進んでいるように思えるかもしれ
ません。

　しかし全国の自治体における公共施設の整備実態を見る限り、その進捗
の雲行きは怪しい状況です。実は全国の公立小学校に通う生徒数は、1989
（平成元）年には約950万人でしたが、2016（平成28）年には約637万人
と3割以上減っています。ちなみに全国の公立中学校は、同時期に1万
578校から9555校と1割程度減っていますが、生徒数は約539万人から
約313万人と4割以上減っています。このように施設数は利用者数に比べ
て減り方が少ない場合が多く見られます。また小中学校に限らず、現在全
国的に老朽化した公共施設の建て替えが進んでいますが、その規模や延床
面積は建て替え前よりも大きくなる傾向が見られ、施設総量はむしろ増え
ている自治体が多いのが実態です。

しかし公共施設の総量削減は、自治体の財政状況の改善の一つの手段でしかなく、目的ではありません。そもそも財政状況の改善が必要になる理由は、自治体が公共サービスの質を向上させるためであり、より現実的な理由を答えるならば、必要最低限の公共サービスを継続させるためではないでしょうか。仮に公共施設の総量削減が実現しても、公共サービスの質も低下すれば本来の目的は果たせませんし、必要最低限の公共サービスを将来的にも継続できるのであれば、総量削減の優先順位は低くなります。公共施設の再整備では、公共施設の多少ではなく、公共サービスの質の向上もしくは継続が実現できる方法が問われます。単なる総量削減では、その両方とも実現できなくなるでしょう。

　このように将来的な視点から自治体全体の公共サービスのあり方を検討し、その成果を実際の公共施設の整備や運用に結び付ける活動は、一般的には公共施設マネジメントと呼ばれ、関係者の間では広く認識されるようになってから数年経ちました。しかしその一向に進まない状況から、「本当に公共施設マネジメントは有用なのか」と疑問を抱く方が増えているような気がします。

　そこで関係者だけでなく、広く一般の方にも公共施設マネジメントの概念や手法を知っていただくとともに、公共施設マネジメントの実現と普及のために一般の方にも具体的な作業に積極的に参加してほしいとの思いから、本書を執筆することになりました。また『公共施設のしまいかた』という書名は、公共施設の総量削減の現場で苦慮している多くの自治体で、改めて公共施設マネジメントの基本から総量削減の意義や方向性を確認していただきたいとの思いから命名しました。「しまう」には、「閉める・終了する・たたむ」という終了を示す意味だけではなく、「片付ける・納める・整理する」といった行動を示す意味も含んでいます。つまり公共施設の適正規模・配置は、今ある公共施設の運用管理次第で変わるのです。またその施設の適正規模・配置は、自治体を取り巻く状況や環境にも大きく影響されるため、残念ながらどの自治体にも当てはまる「正解」はありま

せん。財政状況が厳しい自治体ほど、公共施設の総量削減だけではなく公共サービスの質の向上もしくは必要最低限の継続を実現する「しまいかた」を本気で考える必要があります。

なお公共施設を適切に「しまう」ためには、いくつかの視点から検討することが求められます。

まずは公共施設の適正規模・配置を検討するためには、自治体全体の状況を客観的に踏まえる必要があります。そこで1章では、公共施設の状況を、「老いる」という視点から解説します。

次に「老いた」公共施設をどのように再整備することができるのか、具体的な対策を検討する必要があります。しかし残念ながら、多くの自治体の財政は危機的な状況にあり、自治体単独では適切な整備ができない状況です。そこで2章では、住民や民間企業などとの「協働」・「共有」という視点から、公共施設を「しまう」必要性と進め方について解説します。

そして実際に公共施設を「しまう」ためには、個々の整備計画だけでは不十分です。なぜなら仮に将来的にコンパクトシティを目指すのか、もしくはさらなる拡張を目指すのかでは、目指す都市構造が異なるからです。また施設整備に使える財源は限られているため、自治体全体のバランスを考慮して優先順位などを決める必要があります。そのため自治体全体の整備計画も個別整備計画の策定も、どちらも公共施設を「しまう」ために必要な手続きになります。そこで3章では自治体全体の整備計画の視点から、4章では個別の整備計画の視点から、そのしくみと進め方について解説します。

そして5章では、具体的な「しまいかた」について、六つの事例を取り上げて解説します。どれも地域全体の視点から実施もしくは計画策定が行われた事例ですので、自分が住む自治体や地域に置き換えて確認すると良いでしょう。ただし事例を単に真似ると失敗する可能性が高いので、自分なりに事例の方向性やしくみを整理し、公共施設を「しまう」ための実務作業に落とし込むことが重要になります。

時代は平成から令和に変わりましたが、公共施設マネジメントの実現には、まだまだ高い障壁が立ちはだかっています。しかしその障壁を全員で乗り越えてこそ、新しい世界を共有することが可能になります。本書が、目の前にある障壁に手をかけるために置く踏み台の代わりになれば幸いです。

　なお本書は、平成 28 年度 JST/RISTEX「持続可能な多世代共創社会のデザイン」研究開発領域採用研究「地域を持続可能にする公共資産経営の支援体制の構築」（JPMJRX16E3）、略称「BaSSプロジェクト」）の中で、もがきながら生み出した 3 年間の成果を取りまとめた結論です。BaSSプロジェクトにご協力いただきました皆様に深く感謝致します。

堤　洋樹

目　次

はじめに　　　　　　　　　　　　　　　　　　　　　　堤　洋樹　　003

1章　**自治体も住民も「老いる公共施設」から逃げられない**　　小松幸夫　　010

1　お荷物の公共施設　　012

2　使い捨てだった公共施設　　014

3　老いる公共施設と財政危機　　016

4　どう公共施設をしまうのか　　019

5　住民の役割　　025

6　施設だけではない「公共資産」　　026

7　公共サービスの維持と住民　　027

2章　**誰が公共施設をしまうのか**　　堤　洋樹　　029

1　自治体職員は公共施設の管理者にすぎない　　029

2　住民が自治体を変えなければ何も変わらない　　031

3　住民の立場から公共施設整備に関わる　　035

4　「つくる」方法よりも「つかう」工夫が重要　　037

5　多世代の住民協働を実現する方法　　039

6　三つの視点から多世代協働を考える　　041

7　様々な意見をとりまとめる方法　　044

8　公共施設の整備とは日常生活をつくること　　048

| 3章 | 自治体全体の公共施設をどう見直すか | 堤　洋樹
恒川淳基 | 050 |

1　公共サービスからみた公共施設　050

2　公共サービスの提供にハコモノは必要か　053

3　ハコモノを増やさない方法はあるか　055

4　共有できるものは公共、占有するものは民間へ　057

5　切るべきは切り、再生すべきは活かす　060

6　住民には必要な整備ではなく活動をきく　062

7　「誰も決められないしくみ」を変える　063

8　自治体内の協働作業を実現するポイント　066

9　公共施設整備を実現する自治体のしくみ　071

10　整備実現の可能性を高めるためのチェック事項　073

| 4章 | 個別の施設整備をリデザインする方法 | 堤　洋樹 | 077 |

1　目指すべき産業と生活の方向性を明確にする　078

2　施設単体ではなくエリアで考える　080

3　情報が公共施設の配置や内容を決める　083

4　運用方法から整備内容を検討する　086

5　自治体を変える住民の働きかけ　089

6　計画を変えるために準備段階を変える　092

7　住民ワークショップをリデザインする　096

8　インフラも公共施設と同様に考える　099

9　再整備の概念をリデザインする　102

5章	ハコモノ・インフラのしまいかた		106

1	学校プールを撤廃、水泳授業を民間の スイミングスクールに委託—佐倉市 ［ハコモノ削減型］	池澤龍三	107
2	過疎地の行政と住民が協力して 公共施設を集約—長野市 ［ハコモノ削減型］	堤 洋樹	121
3	使われていなかった公共建築物を 活用する「文創」—台北市 ［ハコモノ活用型］	讃岐 亮	138
4	日本発のトライアルサウンディング実施！ 公共資産を放置しない自治体戦略—常総市 ［ハコモノ活用型］	寺沢弘樹	153
5	個人・民間企業・自治体の協力でできた 質の高い公共空間整備—小布施町 ［インフラ活用型］	堤 洋樹	165
6	行政×市民で河川空間を見直し、 まちなかを活性化—前橋市 ［インフラ活用型］	堤 洋樹	175

おわりに ～「公共資産」を「地域資産」に～	堤 洋樹	188

1章 自治体も住民も「老いる公共施設」から逃げられない

小松幸夫

　「もはや『戦後』ではない」という言葉を聞いてピンと来る方はもう少ないかもしれません。日本の歴史はその起源がはっきりとはわからないくらい長いですが、現在の日本社会は1945（昭和20）年8月15日から始まったといえるでしょう。いうまでもなく終戦の日です。太平洋戦争に敗れた日本は、なにもないところからの出発でした。当時の大都市は戦時中の空襲により一面に焼け野原が広がっている状況で、特に住宅は全国で420万戸が不足しているといわれていました。

　その後1950（昭和25）年に朝鮮戦争が勃発し、後方の補給基地であった日本は戦争の特需で経済力を回復できましたが、「もはや『戦後』ではない」という言葉は1956（昭和31）年の経済白書に記されたものです。1950年代前半に日本は戦前の経済力を回復しそれを超えるようになりましたが、「もはや『戦後』ではない」には絶望的な不足の経済状況がやっと終息し、経済の転換期を迎えたという意味が込められていました。1960年代に入ると日本の経済はめざましい成長を始め、いわゆる高度経済成長の時代になりました。しかしながら住宅をはじめとする建物の不足は続いており、国民の間には建物に対する「飢餓感」のようなものが絶えずありました。1964（昭和39）年の東京オリンピック開催が決まるころから建物建設がブームのようになり、年々新築される建物の量が増えていきました。高度経済成長は1973（昭和48）年のオイルショックあたりまで続きましたが、高度経済成長が終焉した後も1970年代には多くの公共施設が

つくられることになりました。

この公共施設大量建設の背景にはいろいろな事情がありますが、一つには都市への人口集中と持ち家政策の推進により郊外へ住宅地が広がり、それに伴って学校をはじめとする各種の公共施設が必要になったことがあげられます。また公共施設の建設などの公共投資が景気への刺激策として多用されたほか、政治家が選挙民へのサービスとして公共施設の建設を約束することも少なくありませんでした。

その後も景気が後退する局面では景気対策として公共施設が新設されることがありましたが、財政状況が次第に悪化していく中で税金の無駄使いではないかという声もあって、公共投資そのものが押さえられるようになり、新たな公共施設の建設は次第に減っていきました。

以上のような背景から、現在ある公共施設の多くは1970年代前後に建てられたもので、すでに40年以上を経過しているものも少なくありません。建物は古くなったから使えなくなるというものではありませんが、適切な維持管理がされていなければ機能不全に陥ることはまちがいありません。

建物を維持していくあるいは建て替えるには当然お金が必要です。ところが近年の国や地方自治体の財政状況には決して余裕があるわけではありません。日本が現在、少子高齢化や人口減少に直面しているということを知らないという人はあまりいないと思いますが、将来は財政にゆとりができるだろうと楽観的に考えている人もほとんどいません。少子化により社会で働ける人口（生産人口）が減り、税金を納める人が減っていく一方で、高齢者の割合が増えて扶助費といわれる福祉面での支援費用が増大していきます。そのため地方自治体の財政には余裕がなくなり、公共施設を維持していくための費用が捻出できなくなっていくことが懸念されます。また道路や橋といったインフラストラクチャー（インフラ）も同様に老朽化が懸念されており、そちらの維持更新費用も膨大になることが予想されています。そうなると建物としての公共施設に回せるお金はますます乏し

くなるのではないかと考えざるを得ません。

　ではそんな状況でどうすればいいのでしょうか。結論をいってしまうと、公共施設を「しまう」しかないのです。公共施設がなくなると公共サービスもなくなるのかと思われるかもしれませんが、それは避けなくてはなりません。では公共施設なしでどうやって公共サービスを維持するのかと思われるかもしれませんが、「施設」イコール「サービス」ではないということを思い出せばなんとかなるはずです。この本の中で考えていきたいことはそのことなのです。

1　お荷物の公共施設

　経済が右肩上がりであった高度経済成長の時代は、不動産は「富動産」であり、所有すること自体に大きな意味がありましたが、バブル経済が崩壊して経済成長が低迷すると不動産は「負動産」に変わっていきました。土地の永続的な値上がりを信じさせた「土地神話」が消えると、不動産所有にかかわる費用負担が問題になり、所有権の存在が曖昧な不動産も増えてきています。

　公共施設はもともと値上がりを期待するようなものではありませんが、高度経済成長期にはそれらを増やすことに対して住民は好意的に受け止めていたことは間違いないでしょう。新しい施設ができることで気分が高揚し、豊かさの実現を感じていたのかもしれません。しかしながら景気が後退し始めるのと同時期に、市町村合併が進められました。1995（平成 7）年に合併特例法が改正されて、1999（平成 11）年から 2006（平成 18）年までに市町村数が 3232 から 1821 に減少しました。これは「平成の大合併」と呼ばれています。この平成の大合併は景気後退が理由ということではなく、明治時代から続けられている市町村合併の一環と考えられます。もともと明治時代半ばころには市町村の数は 7 万を超えていたといわれますが、「明治の大合併」で 1 万 6000 弱に減りました。昭和 30 年代（1960

年前後）には、1万弱だった市町村が3500弱になりました。平成の大合併で市町村の数はかなり減りましたが、政治の方向としては「基礎的自治体の強化の視点で、市町村合併後の自治体数は1000を目標とする」ということもあるようで、今後も市町村合併は進んでいくと思われます。

　市町村が合併すると行政組織が減るので、市役所や役場といった行政庁舎は余ることになりますし、議会も一つになりますから議場が余ることになります。また人口が減ることで学校や集会施設を利用する人口も減少しますが、その一方で高齢者用の施設は不足していくことが考えられます。学校などでは、教室などに余裕ができるならばそれはそれでいいことだと思われるかもしれませんが、施設は存在するだけでお金がかかります。照明や冷暖房にかかる電気代などのエネルギー関連費用、トイレなどの上下水道費、清掃や警備などの人件費、破損部分の修繕費等がその主なものです。また一定の時期がくると、屋上や外壁などに足場を掛けて行う大規模な修繕工事も必要になります。こうした費用は決して少ないものではありませんが、個々の施設で毎年いくらかかっているのかについては明らかになっていないことも珍しくありません。自治体全体の予算や決算の中に含まれていることは間違いないのですが、個別の施設ごとの費用を明らかにするということはなかなか行われてきませんでした。最近ではこうした費用を明らかにして、公共施設のあり方を検討しようという動きが広がっているのは好ましいことですが、その費用が明らかになってくると担当者が頭を抱える事態になることも少なくありません。詳しくは後で触れることにしますが、いままで維持管理にほとんど費用を掛けてこなかった公共施設を、今後も維持しようとすると、これまでの何倍かの費用が毎年必要になるケースが大部分なのです。

　そのためにとれる対策は二つしかありません。一つは予算を増やして公共施設に掛ける費用を適切なものにしていくこと、もう一つの選択肢は予算を増やさないで公共施設を減らすことです。人口減少と高齢化という中で、予算を増額できる自治体は限られているでしょう。そうであれば、今

後はいかに公共施設を減らしていくかが大きな問題になります。高度経済成長の時代に公共施設を増やしていったのとは全く逆の方向の政策が求められることになります。明治時代以降、我が国ではこうした経験はなかったのではないかと思います。

2 使い捨てだった公共施設

さきほど戦後はなにもない状態からの出発だったと述べましたが、住宅や公共施設の不足に対しては「質より量」の政策がとられてきました。受益者の公平性を重視する立場から、限られた予算の範囲でできるだけたくさんの住宅や建物を供給するという方針でした。そのため建物としての質は決して高くはなく、必要最小限の機能と質が確保されているだけだったといっても過言ではないでしょう。しかしながら戦後の経済復興はめざましく、生活の質もめざましく向上していきました。そうすると少し以前に建てられた必要最小限の機能しかない建物は、すぐに古くさくなってしまいます。たとえば最近建て替えられたある県の県庁舎は、1950 年代の始め頃に竣工しましたが、エレベーターがほとんどなくて電気配線の容量も小さなものでした。また部屋は窓からの採光を前提とした設計で、当初は照明器具もほとんどなかったと思われます。時代が進むと電気の使用量が増えるので新たな配線が次から次へと追加され、室内には照明が増設されてエアコンが取り付けられるというようになっていきました。その一方で他の多くの県庁舎は、そうした対応では限界があるということで、比較的早い時期に次々と建て替えられていきました。

また役所の建物は概ね 30 年を経過すると「老朽化した」というようにいわれます。これは鉄筋コンクリート造の建物で耐用年数を 60 年として、その半分が経過すると建て替えてもよいというルールがあるためだと思われますが、戦後の高度経済成長の中でいつのまにか建物は 30 年で建て替えるものという「常識」がはびこってしまいました。そうなると今度は

「どうせ 30 年で建て替えるのだから」ということで、建物の維持管理にお金を掛けなくなってしまいました。建物に限りませんが、ライフサイクルコストという考え方があります。建物を新築するときに費用がかかることは誰でも知っていますが、建物を使っている間の費用は忘れがちです。新築費用から建物の維持管理費、さらには最終的な解体処分の費用までをも含めたものを建物のライフサイクルコストといいます。新築費用が安くても後の維持管理、たとえばエネルギー費用や補修費用に大きな費用がかかるようであればライフサイクルコストは高くなり、結局は「安物買いの銭失い」ということになりかねません。公共施設を 30 年で建て替えるとして、途中の維持管理に費用を掛けないという方針は、30 年のライフサイクルコストという観点からすれば非常に合理的な判断といえます。多少使い勝手が悪くても、我慢していればそのうち新しく建て替えられてすべてよくなるということで、公共施設は手を入れないということが定着してしまったように思われます。一言でいえば、戦後の経済発展の中で「公共施設は 30 年で使い捨て」の文化が出来上がってしまったということです。

　その間、建築の専門家たちはどうしていたでしょうか。高度経済成長期は建物新築に対する要求が強く、設計や施工に携わる専門家たちは一つの建物や施設を仕上げて引き渡すと、すぐに次の新たな物件の設計や施工に取りかかるといった具合で、竣工した後の建物について関わることはほとんどないといってよい状況でした。この傾向は今も続いているといってよいでしょう。実際に使われていた建物については、ごく一部を除けば建築の専門家が関わることがほとんどないまま、ほったらかしの状況であったといえます。最近でこそ大規模修繕とかリフォームとか、使用途中で専門家がかかわる建物も増えてきましたが、今後はこういうことがもっと増えてくるように思われます。専門家が関わらない建物の使い方では、適切な修繕や改修がなされない可能性も高く、安易な建て替えに結びついてしまうことが危惧されます。今後は施設運営の専門家が増えていくことが望まれます。

3 老いる公共施設と財政危機

　30年たつと建物は老朽化したと言われると述べましたが、では建物は何年使えるのでしょうか。こういう問いに対しては、「耐用年数が〇〇年だから〇〇年」という答えが返って来そうですが、ではその耐用年数とは何でしょうか。一般的には法定耐用年数といわれるものがよく知られていますが、これは財務省の「減価償却資産の耐用年数等に関する省令」の別表というものの中で定められている年数で、たとえば鉄筋コンクリート造の事務所建築では50年となっています。この年数自体は時代によっていろいろ変遷していますが、もともとは会計上の資産価値についての金銭的な処理手続きである減価償却のために定められた年数で、実際に使用できる年数という訳ではありません。減価償却については専門的な解説が数多くありますので詳しくは触れませんが、「資産を使うことにより失われると考えられる価値を金銭で処理すること」としておきましょう。耐用年数とはその減価償却を何年にわたって行うかを法律で定めたものです。特に建物に関してはその耐用年数の制定過程をみると、実際の使用可能年数を想定したものではないことがわかります。簡単にいいますと、建物は骨組みにあたる躯体という部分と、壁や床の仕上げ部分、そして給排水や電気配線、トイレなどの設備部分に分かれますが、これらは使用可能と想定される年数がそれぞれ異なります。そこで建物については各部分ごとにその価格と予想耐用年数を決めて毎年の部分別償却金額を求め、それらの合計を建物全体についての毎年の償却金額として、全体の価格から逆算して耐用年数をもとめるという方法（総合償却）によっています。したがって法定耐用年数に示される数値は会計処理上のルールとしての数値であって、実際に使用可能な年数とは関係のない数値であることは是非理解しておいていただきたいと思います。

　では物理的に建物は何年もつのかという疑問が出てくると思いますが、建物が劣化して使えなくなるという状況を具体的に想定することがなかな

か難しいので、専門家としても的確には答えにくいというのが実際です。建物は使っている間に何も手を入れないということはありません。適切に手を入れていけば実際には何年でも使えるということは、法隆寺やヨーロッパの建物を引き合いに出すまでもなく理解していただけるだろうと思います。建物を建て替えるという判断を下すのはその所有者です。所有者が使えないと判断すればその建物はもうおしまいということです。逆に所有者に使用し続ける意志があれば建物はいつまでも使用できるということです。ただし適切なメンテナンスが加えられるということが必須の条件ですが。

　30年でのいわゆる「老朽化」を問題にするとすれば、それは物理的にもたないというよりもそのままでは建物の機能が失われるという理由からです。建物は躯体部分の劣化が進むというより、仕上げ部分が見苦しくなったり設備の機能が低下したりすることで使えなくなるという場合がほとんどです。水が出ないとか排水管が詰まって流れない建物はとても使えるものではありませんが、そうなる前に補修や改修を行えば問題はないはずです。しかしながら、そういうことに十分考えが及ばないまま建て替えられる建物が多かったのは事実です。また経済成長が右肩上がりの時代は、建物の規模を大きくしたいということで建て替えられる建物も少なくありませんでした。建物が古くなったから建て替えるという場合、なぜそうするのかということはあまり考えられないまま、単純に年数だけで判断されている事例が多かったといえるでしょう。

　公共施設の現状は竣工から30年〜40年を経たものが多くなっており、建て替えるにしろ改修するにしろ多額の費用が必要な状況であることは間違いありません。建て替えは費用がかかるので「長寿命化」ということで長く使おうということが推奨されていますが、建て替えをやめるからといって将来の費用が劇的に節約できるということではありません。使い捨てを前提に使われてきた建物は、いろいろと具合の悪い部分が残ったままです。そこを残したまま使い続けるわけにはいきませんし、機能的にも古

くなった部分がありますので、もし長く使うということにするのなら大規模な修繕や改修が必要になります。また長く使うためにはこれまで以上にきちんとメンテナンスをしていく必要があります。大規模な修繕の費用は場合によりますが、概ね新築するとした場合の費用の2割から5割くらいというケースが多いようです。またイギリスで聞いた話ですが、管理・運営の費用は年間で新築費用の1.5%程度が適当といわれています。$1m^2$あたり30万円の建設費とすれば、年間の管理・運営費は$1m^2$あたり4500円程度を見込むということになります。公共施設の場合、病院など高度な設備を備えた施設を別にすると、これまでの年間の管理・運営費は$1m^2$あたり2000円から3000円程度が多いのではないでしょうか。これを比べるだけでも長寿命化は決して「打ち出の小槌」ではないことがわかっていただけるでしょう。

　ではこれからの時代に、公共施設の維持に必要な費用をどうすればいいのでしょうか。生産人口の減少は避けられず、経済情勢が大幅によくならない限り税収の増加は期待できません。国の補助も財政赤字が巨大化する中ではどこまで期待できるかはわかりません。また高齢者が増加することも予想されており、高齢者が必要とする援助に必要なお金は増えていくことが懸念されます。結局は公共施設に掛ける費用は減らさざるを得ないということになり、公共サービスに使用する施設の量を減らすしか方法はありません。施設がなくなれば公共サービスが受けられなくなると考える人も少なくないと思いますが、そういう方々からは施設の削減には反対であるという声が聞こえてきそうです。自治体にお金がないので公共サービスを減らすということは、財政破綻した自治体では起こり得ることだと思います。しかしながら必要なサービスは維持しなければ社会が成り立たなくなってしまいます。その一方で一部の人しか恩恵を受けないようなサービスであれば、その人たちに我慢してもらうことでサービスをやめることは可能なはずです。また公共で提供はできなくても民間で提供できるようなサービスもあります。こうしたことをうまく組み合わせて考えていけば、

必要な公共サービスは維持しながら公共施設を減らしていくことは可能で
あると考えます。

4　どう公共施設をしまうのか

　施設の物理的な面に限って、そのしまい方を考えてみます。一番単純な
方法は、施設を閉鎖し建物を解体して敷地を売却してしまうことです。た
だしこれは敷地が売却可能であることと、敷地の売却費用によって建物の
解体・処分の費用がまかなえることが条件になるでしょう。あるいはある
程度の費用負担が発生しても、将来の費用負担がなくなることでメリット
が出てくるという考え方もあり得るでしょう。ただし小学校のような施設
では、近隣住民、とくに年配の卒業生の方々の思い入れが強く、こうした
しまいかたに反対する声が上がることも少なくありません。そうした場合、
声の大きさに負けることなく地道に説得していくことが重要になります。

　物理的に建物を残すという方法もあります。必要でなくなった用途は廃
止し、新たに必要となった用途あるいは不足している用途の施設に建物を
改修して使用するというもので、用途変更と呼ばれます。建物の元の用途
と、変えようとする先の用途の組み合わせによっては、変更が困難あるい
は不可能な場合も少なくありません。建物として求められる性能、とくに
構造的な面での問題を生じることが多いと考えられます。少人数で使用す
ることを想定して造られた建物に、大人数を収容したりあるいは重量物を
設置したりすると、建物が崩壊する危険が生じます。あるいは天井が低く
造られた建物に高い天井が必要な用途を入れることはできません。用途変
更が可能かどうかは建築の専門家による検討が欠かせません。また条件が
あわなくても改修を行うことで新たな用途に適合させられる場合もありま
す。その際は改修に必要な費用に見合った効用が得られるかという検討が
大事になりますが、これにも専門家の知識が必要になります。

　複数の施設を廃止する代わりに、新しい施設を一つ作って施設総量を減

図1 中学校の旧校舎を転用した図書館（新宿区中央図書館）

らすという方法もあります。複数の学校を統合して新しい学校を一つ建設するなどの場合が相当します。この際に注意しなくてはいけないのは、どうせ新築するのならばこの際に新しい機能を盛り込もうと考えて、施設面積が却って大きくなってしまう場合があることです。減らすつもりが増えてしまったというのでは、一体何をやっているのかという話になりかねません。もちろん必要があって増えるというのであればやむを得ませんが、安易な姿勢で計画に臨むと逆効果になりかねないので注意が必要です。

施設統合のバリエーションになりますが、施設の一部の機能を複数の施設で共用するという方法もあります。たとえば学校のプールを集約化し、一つのプールを複数の学校で使用するという事例があります。利用効率をあげることで施設量を減らすという考え方です。実際には各部署間の調整が難しく、担当者は苦労することが多いようですが、もしうまくいけば効率的な方法です。

あとは公共サービスの提供方法を見直して、物理的な存在としての施設を廃止してしまうということも考えられます。実際の例はまだ少ないかもしれませんが、たとえば行政的な手続きがすべてインターネットなど電子的な情報通信手段によって処理が可能になるとすれば、証明書を発行するような役所の窓口はいらなくなるはずです。どうしても対面して対応しなくてはならない場合もあるかもしれませんが、その場合はいろいろな相談ができる窓口を一つだけ駅の近くの貸しビルにでも設ければ解決するでしょう。そうなれば役所は事務作業のスペースが確保できればよく、支所などはいらなくなるかもしれません。

また公共サービスを民間に任せるということもよく議論になりますが、これはサービス提供の効率化が目的であって公共施設をしまうことにつながるかどうかはケースバイケースでしょう。住民の負担がどうなるかという点では、サービス提供の効率がよくなれば費用負担が少なくなることは確かでしょうが、単に効率を上げるだけでは限界がありますので、その効果は限定的になると思われます。

先に述べたように不要になった公共施設を別の用途に転用したり、さらには民間に売却あるいは賃貸するという方法もあります。施設の転用に関しては、真に必要な用途への転用に限定するべきでしょう。むりやり別の用途に転用したとしても、あまり必要性がなければ無駄な施設を増やしただけということになってしまいます。民間への売却や賃貸はすべての施設に対して使える方法ではありませんが、立地や建物の条件がうまく合致すれば、民間での活用が期待できます。これは公共施設をいわば地域の資産として活用しようとするもので、うまくいけば地域の活性化にもつながって非常に効果的な方法といえるでしょう。そのためには不要になった公共施設を活用していくためのアイデア創出が非常に重要です。他の自治体で成功した事例があるから、うちでも真似してみようというレベルではおそらく失敗するでしょう。その地域の特性や建物の条件をよく考えないと、安易なコピーではうまくいくはずはありません。有望なアイデアがでたと

しても、次には意欲をもってそのアイデアを実現しようとする強力な実行者あるいはプロデューサーが必要です。これは誰にでもできる仕事ではなく、地域の中でそうした能力をもつ人を見つけていくことが大事になります。日頃からまちづくり関係者などにも人脈を広げてアンテナの感度を上げておくことが欠かせません。

　住民のみなさんに求められることは、公共施設の厳しい現状を理解していただき、本当に必要な公共サービスはなにか、またその必要なサービスを維持していくための負担はどうあるべきかを考えていただくことだと思います。たとえば小規模な集会施設のようなものであれば、近くの住民がボランティアで管理・運営を行うということが考えられます。現に小規模な自治体にはそのような運用を行っている例も多数存在します。また施設を集約し、維持管理を効率的に行うことも人件費の節約につながります。単に施設の量を減らすというだけでなく、運用の工夫でトータルのコストを減らしていくという発想が大事だと思います。

　運用の工夫にはどんなことが考えられるでしょうか。照明を蛍光灯からLEDにするとか、エアコンを効率のよいものに取り替えるなどは、すでに当たり前のことになっています。省エネルギーは重要ですが、これまでは設備機器の省エネルギー性能ばかりが注目されて、建物自体の省エネルギー性能については関心が低かったといわざるを得ません。最近の猛暑傾向から、小中学校にはエアコン（ルームクーラー）の設置が進んでいますが、建物自体の断熱性能を検討する例はまだ少ないようです。新築の校舎であれば屋根や壁に断熱材を入れるのは当然のことになっていますが、昔からの校舎は相変わらず断熱材なしのままです。「冬は寒く夏が暑いのは当たり前だから我慢せよ」と言っていた時代もありましたが、いまでは通用しないでしょう。建物の断熱性能が悪いと、冷房や暖房に大きなエネルギーが必要になるだけでなく、部屋の周囲の壁や天井の温度が高く（あるいは低く）なるために、中にいる人間が不快に感じることがあります。よく夏季の冷房は28℃に設定しましょうといわれますが、28℃の設定では

暑く感じて20℃くらいまで設定温度を下げている事例を見かけます。これは天井や壁の表面温度が高くなっていて、その分だけ人間が暑く感じてしまうためです。天井や壁の表面から来る熱は赤外線であり放射熱と呼ばれますが、放射熱と空気温度（エアコンの設定温度）の平均が人間が感じる体感温度であるといわれています。もし壁や天井からの放射熱の温度が36℃であれば、室温を20℃にすると体感温度はちょうど28℃になるというわけです。真夏の日中でしたら断熱のない建物では最上階の天井の温度が40℃近くになることも珍しくありません。大きな震災が続いた影響で、既存建物についての耐震改修はかなり進みましたが、断熱改修は寒冷地を除けばまだまだというところです。こうした改修の工夫も今後は必要になってくるでしょう。

　コストの削減で忘れてはならないのは人件費です。かつては職員が庁舎などの清掃作業をしていた時代もありましたが、現在では外部の民間業者に作業を委託している場合がほとんどでしょう。これは内部の職員と民間企業の従業員では人件費が違うためということが主な理由とされています。建物や施設を運営し管理するには必ず人が必要になります。それが職員の場合、人件費は発生しているはずですが、施設運営の費用としてはカウントされない場合がほとんどです。また関連する事務作業についても、それに必要な人件費は特に意識されることのない場合がほとんどです。職員の作業が多少増えても、どうせ給料は変わらないからという意識が働いているのかもしれませんが、さまざまな作業を効率化できればその分だけ必要な人員も少なくて済むので、人件費は下がるはずです。たとえば複数の施設を複合化して一つの建物にまとめたとします。その建物を管理する部署が一つになれば人員を減らせますが、相変わらず所管の部局ごとに管理者をおいているとすれば、複合化する以前と人件費は変わらないことになります。こうしたことにも意識を向けていく必要があるでしょう。

　さまざまな工夫を重ねて運用の費用を節約できたとしても、使わない施設をなんとなく温存しておくことは得策ではありません。「いつか使うか

もしれない」とか「せっかく造ったのだからもったいない」という気持ちはわかりますが、温存するだけでも費用が発生するということは忘れてはならないでしょう。むしろまずその施設は必要かということを検討し、もし必要でないということになったならば早い機会にしまいかたを検討して実行することが重要です。運用の工夫はこれからも使うと決めた施設について求められることです。

　さらには公共施設や用地を資産として活用するという工夫も大事です。子どもが少なくなり廃校になる学校も出てきましたが、廃校の跡地を売却するのは資産活用の方法の一つです。売却だけが活用方法ではなく、賃貸するという方法もあります。あるいは跡地を全く種類の異なる公共施設の用地として活用するということも考えられます。実際に例があるかどうかは存じませんが、学校の跡地に賃貸住宅を建設して家賃収入を期待するとともに地域の活性化を図るとか、公共的な住宅を建てて、中心部から遠い地域に住む人たちの住居にすることで、道路や上下水道などインフラの縮小を目指し維持費用を削減していくなどのアイデアはいかがでしょうか。

　公共施設を資産として活用しようとする場合、その施設の価値をどう評価するかが重要になります。通常は売却可能な価格を算定するということが多いと思いますが、立地によっては市場価値が低い、あるいは価値がないというようなケースも稀ではないでしょう。そうした場合は別の価値を見いだす工夫が必要です。筆者が耳にした例では、廃校の校舎を食品製造の工場として使っているという話を聞きました。その校舎の環境が製造する食品にぴったりだということで、経営者は生産拡大のため別の廃校を探しているとのことでした。こうした需要と供給のマッチングは、通常の不動産市場では不可能です。不要となり資産活用をめざす公共施設の検索サイトなど供給側とさまざまな需要側の情報をマッチングさせるしくみがあればよいと思います。またさまざまな法律の縛りがあって、資産としての活用ができないということもあるかもしれません。まずはそのような状況があるかどうかをチェックして、必要があれば法律の改正も視野に入れて

いくべきでしょう。

5　住民の役割

　行政に無関心ですべて「お上まかせ」という住民はすくなくありませんが、そのせいであとから膨大なツケが回ってくることになるかもしれません。公共施設の問題はわかりにくいこともあって、特にこうした傾向が強いと思われます。庁舎や学校などではなく、図書館や体育館など住民が自分の意志で利用する公共施設については、それらをよく利用する一部の住民（受益者住民）と、ほとんど関心がなく維持費を税金として支払っている住民（負担者住民）に分かれます。そうした施設を廃止するというような場合、負担者住民はほとんど関心がありませんが、一部の受益者住民が反対の声をあげることが往々にして起こりがちです。担当者はそうした一部住民の声を住民全体の声と感じて、廃止を進めることにためらいを感じてしまうようです。受益者住民の気持ちも理解できますが、大局的に考えて廃止が住民全体の利益になるということが理解されれば、担当者のためらいもなくなるはずです。そのためには住民がまず行政に関心を持つことが大事です。自分には関係ないという態度ではいずれ大きなツケを払わされることになると心得るべきでしょう。また行政側も公共施設にかかる費用をオープンにして、住民のチェック機能を働かせることが重要です。さまざまに情報を公開することで、一部かもしれませんが意識の高い住民を振り向かせることができるのではないでしょうか。

　またボランティア活動を進めることも考えられます。小規模な集会施設の運用については先に述べましたが、さまざまな施設でさまざまな可能性があると思われます。専門的な技能や資格を必要としない作業を洗い出し、それらをボランティアに委託するということがもっと考えられてもよいのではないでしょうか。住民の参加意識が高まることで公共施設への視線も変わってくるのではないかと思います。

6 施設だけではない「公共資産」

　これまで建物（ハコモノともいいます）としての公共施設を中心に話を進めてきましたが、公共資産ということで考えるとハコモノ以外にもたくさんのものがそこに含まれることになります。代表的なものが道路や橋といったインフラです。もっと広く考えれば街あるいは「まち」そのものが公共資産といえるかもしれません。まちを公共資産の集まりととらえた場合、たとえば最近その増加が懸念されている空き家や所有者不明の土地なども公共資産と捉えることもできると思います。空き家活用プロジェクトと銘打ったイベントは各地で行われており、制限付きではありますが行政が所有者不明の土地を活用できるような法整備も進められています。ただしこれだけで十分と考える人は少ないでしょう。イベントは持続性がなければ一過性の賑わいを提供するだけです。所有者不明の土地も本来は誰かが住むこと、あるいはそこで事業をすることで「使われている」ということになるはずです。所有権の扱いなど、空き家などに対して本来の使われ方を実現していくための社会的なしくみは、現状では甚だ不十分といわざるを得ません。

　まちのスポンジ化という言葉をご存じでしょうか。人口が増える場合はまちは外へ外へと広がっていきますが、人口が減っていく場合にまちは内側へ縮むのではなく、元の広がりを保ったままでスポンジの穴のように空いた部分ができていくということを指します。スポンジ化が起きると人は減るのにまちの大きさは変わらず、したがってそれを支えているインフラの量も減らないことになります。また未利用の空間が周囲に増えることで、治安その他の問題が生じやすくなります。こうした問題をどう解決していくかは都市計画の課題でありますが、公共施設も無関係ではありません。スポンジの穴を埋めながら、中心部に人を集めたコンパクトなまちに変えていくことが求められています。土地などの不動産の所有権に対する規定は、所有者がいなくなるということを想定していないように思われま

す。所有者不明という事態をも想定した法体系に作り直す必要を感じているのは筆者だけではないと思います。かつて土地は持ってさえいれば安心な、絶対的な優良資産と考えられてきました。ところが今では「土地神話消えてしまえば負動産」という状況になってしまいました。

7　公共サービスの維持と住民

　住民に必要なのは公共施設そのものではなく、公共施設を通して提供される公共サービスであることはいうまでもありません。公共施設があったとしても機能不全であれば満足なサービスは期待できませんし、逆に施設がなくても良質なサービスを受けられる場合もあります。このように公共施設と公共サービスをいったん切り離して考えることがこれからは重要になってきます。また公共サービスはすべて行政が提供するものとは限りません。民間の力を利用した公共サービスも増えてきています。それらはひとまとめにしてPPP（Public Private Partnership）と呼ばれることがあり、日本語では官民連携といいます。その手法にはさまざまなものがありますが、最もよく知られているのはPFI（Private Finance Initiative）と指定管理者制度でしょう。いずれも民間の資本やノウハウを活用して、公共サービスの効率化やサービス向上を目指すものです。公共のサービスに民間が入ることを毛嫌いする人もいますが、使えるものは使うべきであり、信頼性を確保するための方策をきちんと立てておけば問題はないと思われます。

　またなんでも公共で提供すべきだという必要もなく、場合によっては民間のサービスがあれば十分ということもあります。現にバスや地下鉄などの交通機関は公営もあれば民営もあります。プールなどの施設も同様です。プールなどでなぜ公営のものが好まれるかといえば、利用料金の安さに尽きるのではないでしょうか。同じようにプールを運営するのですから、掛かるコストは公営でも民営でも大差はないでしょう。民営の方がい

ろいろな設備を設けているからその分だけ高くなるということはあるかもしれませんが、基本的なところでは大差はないはずです。では公営が民営より安い分はどうなっているのでしょう。いうまでもなく税金でまかなわれているのです。先ほど受益者住民と負担者住民ということを述べましたが、まさにその構図がここにもあるのです。特定の利用者のみがメリットを享受しているような公共サービスは、民間に任せてしまってもいいのではないでしょうか。

　住民としては、どうしても公共が提供しなくてはならないサービスとそうでもないサービスを区分し、税金の負担は前者に限るという視点をもつことが大事です。このことが必要なサービスを高水準で提供できるような環境を作っていくことにつながると思います。

　またサービスの提供の仕方を工夫することで、効果を上げることができる場合もあります。やはりプールの例でいうと、先に述べた共有化の事例とは別ですが、公立学校がそれぞれで設置しているプールをやめて、水泳の授業を民間のスイミングスクールなどに委託するという動きがあります。プールは使用期間が限られている割には水道料などが高額になって、維持管理費用が馬鹿にならない施設です。それをやめて、実質の指導を民間のプロに委託するという発想は新鮮で、父兄や子どもたちはもちろんのこと、水泳の授業を負担に感じておられた先生方にも好評なようです。こうした新しいアイデアは、行政からはなかなか出てくるものではありません。既成概念にとらわれず、住民の目線で問題を提起したり、アイデアを提案したりしていくことが大事でしょう。

2章 誰が公共施設を「しまう」のか

堤　洋樹

1　自治体職員は公共施設の管理者にすぎない

　「誰が公共施設の管理や運用を行う責任を持つのか」と聞かれれば、誰もが「それは自治体であり、自治体職員だ」と答えるでしょう。もちろんその通りなのですが、それなら住民は利用者でしかなく、公共施設の管理や運用方法に対して口出しできません。本当に公共施設の管理や運用を、自治体に丸投げしても良いのでしょうか。

　当たり前の話ですが、公共施設は税金で整備されています。つまり公共施設の整備にお金を出しているのは基本的に住民であり、それなら本質的には公共施設は住民が所有していると考えても良いのではないでしょうか。この公共施設に対する住民と自治体の関係は、民間企業である株式会社を例に説明した方が分かりやすいかもしれません。

　株式会社は代表取締役社長を頂点とした社員が中心となって運営されていますが、一方で株式を保有している株主の意向を尊重した運営が求められています。同様に地方自治体も、首長と呼ばれる市町村の長を頂点とした自治体職員が組織運営を行っていますが、自治体職員は住民のために仕事をしています。そのため公共施設に対して自治体職員は、所有者としてではなく、住民から公共施設の運用を任された管理者として振舞うべきではないでしょうか。少なくとも自治体職員が「住民の意見を聞くのは面倒

だ」と思ってはいけません。

　ただし、このような書き方をすると、「自治体職員は住民の言いなりになる」と誤解する人も出てくるかもしれませんが、当然この考え方は間違っています。「自治体職員もあなたと同じ住民の一人である」と説明すれば、分かりやすいでしょう。このように住民と自治体職員は同じ立場にあることを忘れてしまう人が多いと住民と自治体職員は対立してしまい、公共施設を「しまう」という、これまでほぼすべての人が経験したことがない難しい課題を解決できるわけがありません。つまり住民と自治体職員が一致団結して、公共施設を「しまう」という同じ目標を持って行動しなければ、公共施設を適切に整備することは不可能だと考えた方が良いでしょう。これが住民協働の公共施設マネジメントが必要だといわれている理由です。

　さらに自治体職員と住民の協働が必要な理由がもう一つあります。一般的に自治体職員は、数年で異動してしまう場合が多いため、自治体職員内に専門家が不足している現状があります。そのため「正解」がある作業であれば専門家でなくても良いかもしれませんが、残念ながら公共施設を「しまう」方法に「正解」はないので、自治体職員だけで検討するのは効率が悪く、しかも仮に進め方を間違えた場合、それに気づくのが遅くなる可能性があります。もちろん自治体職員は管理者として専門家になる努力をする必要がありますが、現状の人事制度ではどんなに優秀な人でも部署が変わった直後に担当者になってしまう可能性がありますので、最適解を毎回実施することは難しいでしょう。だから住民協働が必要なのです。一人ではなく複数、さらに様々な幅広い視野から課題を検討することが、最適解に近づく最も有用な方法だと思われます。

　しかし自治体内に専門家が少ないから住民協働を行うのに、ほぼ全員が専門家ではない住民に話を聞いて最適解が出るのか疑問に思う人もいるでしょう。ご指摘の通り、公共施設に限らず建物の整備には、設計や建設といった専門的な作業が必要です。しかし設計段階や建設段階の内容を検討

し管理を上手く実施するには専門技術が必要なので、この部分で専門家でない住民に協力を仰いでも良い提案はなかなか出てきません。そのため住民協働のポイントは、設計の前に公共施設の使い方や必要性を考える企画段階や、建設後の利用方法や管理方法を考える運用段階をどう良くするか、自治体職員だけでなく住民とともに考えることなのです。

もちろん企画段階にも運用段階にも専門家がいます。しかし公共施設を利用するのも、必要としているのも、その地区に住んでいる住民です。住民の方が一番、その地域に必要な公共施設やその利用方法を知っているはずなのです。そのため、その地域に住んでいない専門家よりも住民の声を聴く必要があります。もちろん最も望ましいのは、自治体職員と住民に加え、客観的な視点から意見する専門家の3者が同じ土台で議論することです。もし自治体職員や住民が、自身の役割を正しく認識し、客観的な視点から企画段階や運用段階について議論できるのであれば、住民協働のための専門家は必要ないかもしれません。

2 住民が自治体を変えなければ何も変わらない

住民の立場からも、住民協働の公共施設マネジメントは有用です。特に自治体が間違った方向性で公共施設の整備を進めていると思われる場合です。誰もが既存の公共施設について、不満や愚痴を言ったことがあるでしょう。しかしどんなに不満や愚痴を言っても、直接整備に関わらなければ良い方向に変わることは基本的にはありません。選挙と同様に、面倒と思われるかもしれませんが、参加しないことには始まりません。

しかし間違った方向に進んでいるほど、住民協働ができていない場合が多いのが現状です。つまり住民が参加すべき整備であるほど断られる場合が多いのに、住民自身が最初から参加しないという態度では納得いかない公共施設が増えるだけです。自治体が変わるのを待つのではなく、住民が自治体のしくみを変えなければ、何も変わらないのです。

自治体のしくみは基本的に第2次世界大戦後に確立し、今でもほぼそのままの姿で残っています。その典型的なしくみが、各部局の縦の関係が強く、部局間の連携が弱い状態を示す「縦割り行政」でしょう。もちろん「縦割り行政」は、戦後の日本の経済基盤を支えてきたしくみであり、当時は有効なしくみであったと思われます。しかし厳しい地方自治体の状況が改善しないのは、そのしくみを固持しているからかもしれません。例えば近年では「横串を刺す」という表現で、横の連携が重要であることを指摘する専門家が多いにもかかわらず、ほぼすべての自治体ではこれまでの「縦割り行政」を変える気配はありません。

　この「縦割り行政」や人事のしくみだけでなく、方針決定のしくみや議会との関係なども、人口減少や少子化・高齢化の進行といった、戦後とは正反対の現状に直面している今こそ、根本的に自治体のしくみを見直す時期が来ているのかもしれません。全国を見渡せば、ごくわずかではあるものの、これまでのしくみが変わった自治体もあります。手遅れになる前に自治体がしくみを変えられるか、それが1700以上存在する地方自治体が生き延びることができるかの分かれ目になるかもしれません。

　とは言っても、自治体のすべてのしくみを見直すためには、多くの時間がかかってしまいます。そこで本書のテーマである公共施設を「しまう」ためには、何が変わると実現に近づくのか、BaSSプロジェクトの苦い経験から得られた内容を中心に解説したいと思います。そのためには、まずは公共施設の整備の流れを正確に理解する必要があります。そこでここでは、教科書に載っているような基本的な内容から簡単に整理したいと思います。

　最初に、住民協働の必要性を解説した際にも簡単に解説した施設整備の流れについて確認します。一般的に施設整備は、建物の「企画」から始まり、「企画」を具体的な図面に落とし込む「設計」、その図面を形にする「建設」、その完成した建物の「運用」、最後に「解体」までが一つの作業の流れとなります。さらに「解体」後に需要があれば、再度「企画」が

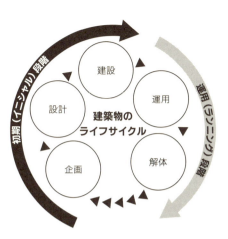
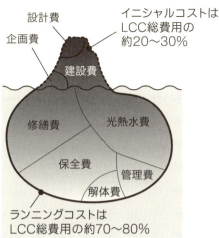

図1　建築物のライフサイクルの概念　　図2　ライフサイクルコストの概念

行われ、同じ流れが繰り返されることになります。この一連の作業の流れは、建物や施設のライフサイクルと呼ばれています（図1）。また各段階に必要となる金額については、建物や施設は長い期間利用される場合が多いため、基本的に運用費は設計費や建設費よりも高くなります。しかし運用は設計や建設のように具体的な形として認識されにくいことから、氷山の下にある大部分の氷に例えられます（図2）。ポイントは二つ、住民協働が有用な企画段階や運用段階は、時間軸でみると全体の大半を占めていること、そして具体的な形にする段階ではないためハード面というよりもソフト面の作業が多いことです。別の言い方をすれば、住民協働は公共施設を建てるというイベントではなく、日常生活のあり方を考える機会なのです。このポイントがずれてしまうと、公共施設を「しまう」どころか、無駄な整備による財政悪化が進む可能性が高くなります。

　次にライフサイクルの一連の流れのなかで、「企画」に近い段階を上流、「解体」に近い段階を下流と呼びますが、一般的に上流であればあるほど確定していないことが多いため変更も容易です。そのため上流の作業であるほど検討の余地が多いだけでなく、その費用対効果も一般的には高いと

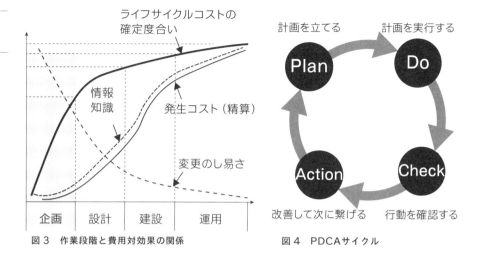

図3　作業段階と費用対効果の関係　　　図4　PDCAサイクル

考えられます（図3）。ポイントは、住民協働が有用なのは「企画」段階と「運用」段階ですが、「運用」段階になると変更できることが限られるため、費用的な面から見ても根本的な解決が難しくなることです。一方で「企画」段階であれば、方針変更も比較的容易です。しかし多くの自治体では整備計画の変更自体を嫌うため、住民協働を形だけのものとして扱い、とりあえず「企画」段階よりも下流の「設計」段階で住民の意見や要望を聞くものの、整備に反映できずに住民の不満がたまってしまう場合が多く見られます。手間や費用の面からも、整備計画の方向性が固まる前、つまり「企画」段階で住民の声を聴くべきなのです。

最後に、品質管理の基本中の基本であるPDCAサイクルと施設整備について確認します。一般的には作業の流れを「P（Plan：計画）」「D（Do：実行）」「C（Check：確認）」「A（Action：改善）」の4要素に分解し、そのサイクルを繰り返すことで品質の向上を目指す手法で、施設整備の世界でもよく利用されています（図4）。なお施設整備の品質向上を目指すためには、各要素の作業を明確にすることが求められます。例えば「P」では整備計画の策定、「D」では計画の実施、「C」では施設情報の分析、「A」では分析結果を反映した改善を行い、そしてその改善した内容を受

けて「P」で整備計画を更新することが可能になれば、PDCAを繰り返し行うことで品質向上を実現するという考え方です。ポイントは、PDCAの流れとライフサイクルの流れは別物だということです。PDCAサイクルを回すのはライフサイクル全体ではなく、上流から下流までの各段階だと考えると分かりやすいと思います。しかし実際には、全体と各段階を混同して検討されている場合を多く見ます。例えばライフサイクルの流れで説明した「企画」をPDCAサイクルに当てはめると、「企画」段階から見れば「P」に該当するように見えますが、「設計」段階から見れば「A」に該当します。そのため、この位置づけを混同してしまうと、実際の現場作業が進まなくなる可能性が高くなると考えられます。これらの詳細については、3章及び4章で説明します。

　以上の施設整備全体の流れ、ライフサイクル、PDCAサイクルの三つが整理されれば、住民協働による公共施設整備において、住民参加型の活動が「企画」段階で重要なことが明確になったと思います。しかし住民協働と同じ程度重要なのが、実際に住民の立場からどのように公共施設整備に関わるのか、その具体的な手法です。

3　住民の立場から公共施設整備に関わる

　具体的な手法を検討する前に、施設整備の流れと同様に、自治体において事業承認がどのように行われているか確認しましょう。なぜなら、どんなに良い提案を住民が行ったとしても、自治体内の事業承認が行われる手続きに組み込まれない限り、実際の施設整備に結びつくことは基本的にありえないからです。

　まず公共施設のステークホルダーと呼ばれる利害関係者は、大きく自治体・住民・議会・民間企業の四つに分けることができます。また自治体は大きく首長や部長級の幹部と、施設整備を実際に担当する担当部局の二つに分けられます。本来であれば、幹部で政策的な方針を固め、その方針に

従って施設整備を行うべきなのですが、現実的には幹部も専門家ではないので、担当部局が方針も実際の整備も担当することになります。また議会や住民も、これまで住民協働による公共施設の整備手法が一般的でなかったこともあり、自分の利用する施設整備には興味があっても、地域全体や客観的な視点から施設の必要性や利用方法を検討できる人は少ないのが現状です。なお民間企業は自治体から仕事を受ける立場であるため、自治体の方向性に文句を言えません。このように現状の自治体の事業承認が行われる手続きでは、担当部局だけで施設整備を進めてしまう可能性が高いため、「縦割り行政」になりがちです。

　では、どうしたら自治体の事業承認の手続きを変えることができるでしょうか。様々な方法が考えられるかもしれませんが、その第一歩は住民の意識を変えることでしょう。住民が積極的に動けば、議員や自治体幹部のトップである首長は選挙で選ばれた住民の代表なので、住民の意向を反映させなければならない状況になります。すると自治体が進めるべき政策的な方針も明確になるため、担当部署は整備自体に集中でき、作業負担は軽減します。負担が軽減すれば、住民の声をより多く聞くことができる余裕が生まれ、施設整備に反映させやすくなり、住民の満足度が高い施設整備が実現します。

　現実には、自治体の変革が円滑に進むとは限らないのですが、少なくとも現状のしくみや手続きの変化を期待して待つよりも変革が実現する可能性は高くなります。つまり住民協働の公共施設整備が実現する自治体にするためには、住民から働きかけることが重要になります。そこで本書では、より具体的で詳細な住民協働の手法を解説したいと考えています。

　なお「住民」という言葉も、人によって認識や感じ方が異なる場合が多いので、ここで確認しておきましょう。本書における「住民」とは、個人を指す言葉ではなく、「対象地域に住む様々な立場の人の総称」といった意味で用いています。自治体職員も家に戻れば住民ですし、性別や年齢に関わらず生活を営むすべての人が住民に該当します。そのため「住民の

声」とは、個人的な意見ではなく、その地域に住む住民全員の意見だと理解していただくと分かりやすいでしょう。声が大きい人の意見が住民の声だと勘違いしてはいけません。また住民の声には、方向性が異なる複数の意見や要望が含まれていることが前提となりますので、住民の声をすべて解決する方策も基本的には存在しません。この点を公共施設整備を担当する自治体職員は認識して、できる限り多くの住民から意見や要望を聞き、それらを整理し要点をまとめ、その地域にふさわしい整備方法を選定する作業が求められます。

　一方で住民も、単に個人の意見や要望を自治体職員にぶつけるのではなく、地域全体を考慮した発言や行動でなければ、それは住民の声ではなく個人の意見や要望を強要しているだけにすぎません。公共施設は個人のための施設ではありませんので、個人的な意見や要望が反映されなくても仕方ないでしょう。

4　「つくる」方法よりも「つかう」工夫が重要

　また住民の声をきく際には、留意すべき点があります。どうしても自治体や住民は、具体的な形が認識できる公共施設（いわゆる「ハコモノ」）やインフラなどの整備を求めがちですが、実は公共施設やインフラは公共サービスを提供するための拠点でしかありません。そのため、どんなに素晴らしい公共施設を「つくる」ことができても、費用や管理の理由で利用できなければ、ただの「ハコ」でしかありません。一方で、公共サービスは公共施設がなくても提供することは可能です。そのため欲しい公共施設やインフラよりも、望ましい公共サービスについて問う必要があります。

　例えば体育館と卓球の関係で公共サービスのあり方を考えると分かりやすいでしょう。基本的に体育館は、体育及びスポーツ活動による住民の健康及び体力の向上のために整備されています。つまり、体育及びスポーツ活動の支援が公共サービスであり、体育館は公共サービスを提供するため

の一つの方法でしかありません。卓球を楽しむために体育館に行く人は多いと思いますが、基本的に卓球台が置けるスペースさえあれば、体育館でなくても卓球を楽しむことは可能です。公共施設であれば公民館やコミュニティセンターの多目的室など、民間施設であればスポーツセンターや温泉旅館などがすぐ思いつくでしょう。お酒を飲みながら卓球が楽しめる卓球BARも、地方都市の繁華街で結構見かけます。卓球選手でない多くの人にとっては、体育館でなければ卓球ができない訳はありません。それならば自治体がすべきことは、卓球のために体育館を「つくる」ことではなく、市役所内の空いている会議室に卓球台を置くことかもしれませんし、周辺の民間企業が卓球台を置きたくなるような取り組みを始めることかもしれません。このような「つかう」工夫はいくらでも思いつくかもしれませんが、ポイントはその地域に合わせて公共サービスを提供する工夫をすれば、公共施設は必要なくなるかもしれないことに気づくことです。決して「卓球だったらどこでもできるだろう」とバカにしているのではありません。気楽に卓球ができる場所が増えるほど、一般の住民が卓球のために体育館に行く必要がなくなり、相対的に体育館が必要な卓球選手が体育館を利用できる可能性が高くなります。利用者がお互い無理せずに使い分けられるのであれば、施設を増やすことが唯一の方策ではないことは明らかでしょう。

　なお当然ですが、バレーやバスケットなど卓球以外の競技についても、卓球同様の「つかう」工夫による施設の有効利用は実現可能ですし、体育やスポーツ以外で体育館を利用したい人にとっても、今までよりも体育館が使いやすくなる可能性が高くなります。そして様々な利用者の視点から公共施設の使い方を再考することが、公共施設の整備の際にはとても重要です。

　一方で「つかう」工夫を考え始めると、自分の興味があるものに集中してしまいがちです。そのこと自体は悪くないのですが、他人が自分と同じものに興味があるとは限りません。自分にとっては有用でも、隣の人にとっては有用でないことだってあるでしょう。同様にどんなに優秀な人が

住民の立場を真剣に考えても、自治体職員だけでは、どうしても偏った視点からの検討になってしまいます。だからこそ公共施設の整備には、個人ではなく住民の視点が不可欠であり、自治体職員が住民の声をきくことが重要なのです。つまり住民協働のしくみが求められる理由は、自治体職員の能力不足のためでも、特定の個人の要望を聞くためでもありません。公共施設では、「公共」という幅広い視点や目的から整備内容を検討する必要があるからなのです。

5　多世代の住民協働を実現する方法

　住民協働の重要性については、もう十分にご理解いただいたと思いますが、関心がある住民や希望者だけを集めた検討作業では、やはり偏った視点からの検討になってしまう可能性が高くなります。そのため協働作業を行うメンバーを集める際には、少し工夫が必要になります。その最大のポイントは、「多世代」を意識することでしょう。説明を分かりやすくするために、本書では全世代を「高齢世代（65歳前後以上）」「社会世代（20歳前後から65歳前後まで）」「学生世代（10歳前後から20歳前後まで）」「幼少世代（0歳から10歳前後まで）」の四つに分類します。

　住民には様々な立場の方がいるように、様々な世代の方がいますが、世代別に利用目的や利用方法に分けられ整備されている公共施設も多く存在します。小中学校・幼稚園・勤労青少年ホーム・老人ホームなど、基本的に利用者の年齢制限がある公共施設はこの世代別施設に該当します。そのため小中学校であれば、学校に通う小中学生が最もその施設の状態を理解しているはずですし、小中学生の保護者よりも小中学校で教えている教員の方が学校の状態に詳しいでしょう。一方で日常的に小中学校を利用できない「高齢世代」は、最も学校の状況を把握できていないはずです。つまり同じ住民であっても立場や世代によって、日常的な対象施設への関わり方は大きく異なるのです。

しかしこれまでの公共施設の整備方針に関する委員会や協議会などに住民の立場から参加しているメンバーは、基本的に自治会の会長や各種団体の幹部など、地元の有力者の方々が大半を占めていました。これらの方々の世代は、一般的には「高齢世代」に偏っています。最近では、利用者の立場からの意見・情報収集等が求められることもあり、「高齢世代」よりも若い子育て世代など「社会世代」の方が検討メンバーに加わることも多くなってきました。その結果、幅広い年齢層による検討が進むことになりましたが、残念ながら「学生世代」や「幼少世代」の意見が直接反映されることは、まずありません。本当に小中学校や幼稚園・保育園の利用者である「学生世代」や「幼少世代」は、整備の方向性を検討する場に参加しなくて良いのでしょうか？

　もちろん小中学生が委員会や協議会に参加し、大人と対等に協議することは難しいと思います。ましてや「幼少世代」は議論できませんので、「社会世代」の親の協力が不可欠でしょう。だからといって「学生世代」や「幼少世代」の利用者の意見を無視して良いのでしょうか。実際に「高齢世代」や「社会世代」は、「学生世代」や「幼少世代」の代弁者になれるのでしょうか。本当に「学生世代」や「幼少世代」は、公共施設の整備に何も関われないのでしょうか。このように従来の手法で住民の声をきくと世代が偏り本当に必要なものを見落としてしまう可能性があるため、「多世代」からの視点が重要なのです。

　では具体的にはどのような方法があるか確認しましょう。自治体が住民の声をきく方法としては、委員会や協議会での意見収集以外にも、アンケートやヒアリング、パブリックコメントやワークショップなどの方法が考えられます。委員会や協議会の場合、参加できる住民は限定されるため、どうしても地域を代表する立場の住民しか協働できません。アンケートやヒアリングだと、回答できる住民は大幅に増えますが、回答で得られる意見や内容は大幅に限定されてしまいます。また回答方法を工夫しないと、回答してくれる世代が「高齢世代」に偏ってしまいます。またパブ

リックコメントはとても良い制度ではあるものの、一般的には存在自体を知らない人が多いため回答数が少なく、また施設整備の方向性をとりまとめた後でないと住民から意見を聞くことが難しいため、パブリックコメントを行う時点で回答内容を計画等に反映させられる範囲が限定されていることが問題だと考えられます。そのため住民協働を行うのであれば、グループ作業を通して公共施設整備の検討内容を体験してもらうワークショップが一番向いていると思われます。議論ではなく体験であれば、「学生世代」や「幼少世代」でも参加可能ですし、その体験の中で得られた知見や実施した作業が具体的な施設整備につながれば、「多世代」による住民協働の成果と呼べるでしょう。

　そこで本書の5章では、多世代による住民協働を実現するための様々な工夫を、具体的な事例の中で示しています。ポイントは将来を担う「学生世代」や「幼少世代」を巻き込んで、一緒に公共施設のあり方を考える機会を作ること、その成果を施設整備にどう反映させるかを明確にする体制や手順を準備しておくことになります。もちろん5章で示した事例が必ずしも正しいわけでもなく、上手くいく保証もできません。本書で示す事例を参考に、自分たちの自治体や地域に合わせて上手くいく方法を考え実践することが重要なのです。

6　三つの視点から多世代協働を考える

　この「多世代協働」による公共施設整備という視点は、従来の概念ではあまり重視されていませんでしたが、今後とても重要な視点だと考えられます。なぜなら「多世代」とは、一般的には多くの世代を結び付けるという意味で使われますが、視点を変えると「世代を超える」という意味を持ちます。この「世代を超える」という意味で「多世代協働」をとらえると、地域社会の存続、言い換えれば地域の持続可能性を考えるうえで重要な視点だと再認識できるでしょう。

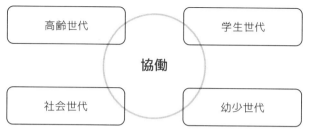

図5　年齢（縦軸）から見た「多世代協働」

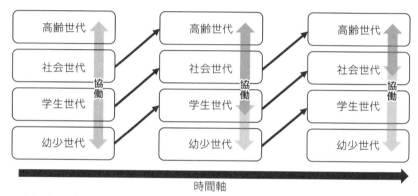

図6　年代（時間軸）から見た「多世代協働」

　なお「世代を超える」という視点から、本書では「多世代協働」を三つに分類します。一般的な「多世代」は、年齢による世代間の違いを超えた縦軸の「多世代協働」ですが、他にも生まれた年代の違いを超える時間軸の「多世代協働」、そして地域の年齢層の違いを超える横軸の「多世代協働」が、今後の公共施設整備の方向性を考えるうえで重要になると思われます。なお縦軸の「多世代協働」（図5）については既に解説していますので、ここでは残り二つの「多世代協働」について解説します。

　時間軸の「多世代協働」とは、今若い人でも時間が経てば年寄りになることを再認識する視点です（図6）。人は生きていれば誰でも「幼少世代」から「学生世代」になり、「社会世代」を過ぎて「高齢世代」を過ごします。そのため小中学校や老人ホームなどの世代別施設は、今は使わな

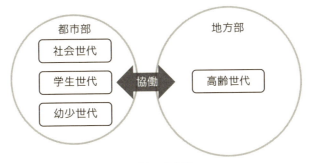

図7　地域（横軸）から見た「多世代協働」

くても誰もが利用する可能性、もしくは利用してきた経緯があります。もし特定の人しか使わないのであれば、公共施設として整備する必要はないかもしれません。また公共施設に限りませんが、建物は50年や100年といった長い期間利用するものです。そのため現状の課題だけで判断するのではなく、将来の状況や利用方法も踏まえて施設整備の有無を検討しなければ、現在問題になっている国民年金と同様に将来世代の一人当たりの負担が増加し、夕張市のように自治体の存続自体が危うくなる可能性も考えられます。だからこそ公共施設整備の方向性は、利用している世代だけでなく、「多世代」で考える必要があるのです。例えば地方債という借金を使って現在建設されている老人ホームは、今の「高齢世代」だけが利用するのでなく、今の「学生世代」も将来利用する可能性が高いから、建設費を返済する借金を負うのです。そのため老人ホームだからといって、「学生世代」を関与させないしくみは問題ですし、「学生世代」が無関心なのも問題です。幼稚園や保育園も同様に、子どもがいない「社会世代」や「高齢世代」の意向ばかりが採用されるのは問題です。

　また横軸の「多世代協働」とは、地域によって世代が偏っている状況を変える視点です（図7）。都市部に仕事を求めて「社会世代」が集まり、その結果「学生世代」「幼少世代」も都市部に集中する傾向がありますが、その結果地方には「高齢世代」しか残っていない状況を変えることが求め

られています。またこの傾向は都市間だけではなく、都市内でも格差問題が生じています。例えば大規模な新興住宅地が開発されると、入居者は子育て世代に偏ってしまうため、30年程度経過し子どもが独立して離れてしまうと、一気に高齢化が進みます。そのためこの視点は、まさしく現在の都市構造の課題を表す視点であり、「社会世代」「学生世代」「幼少世代」が「高齢世代」が多い地域といかに連携できるか検討することが重要になります。なお一般的には「社会世代」は仕事などで時間が取れないことから、おそらく「高齢世代」と「学生世代」「幼少世代」の交流がポイントになると思われます。もちろん「移住の促進」といった政策や取り組みも重要ですが、高齢化が進む地域に移住する人は基本的に少ないことから、最初から「移住の促進」を実現するのはハードルが高いと思われます。魅力ある住みやすい地域づくりのためにも、まずは「学生世代」「幼少世代」が望む公共施設の整備を実現することで、「学生世代」「幼少世代」に呼び寄せられた「社会世代」を巻き込むような取り組みを積極的に行うべきです。

　以上三つの「多世代協働」の視点から公共施設整備の取り組みを考えても、「学生世代」「幼少世代」の参加、特に「学生世代」の役割が重要であることは明白でしょう。自治体と住民が協働し、いかに「学生世代」を巻き込んで公共施設の整備方針を一緒に検討するのか作戦を立てるべきです。また学校の教職員や教育委員会、PTAや保護者会などへの呼びかけや連携が不可欠です。

7　様々な意見をとりまとめる方法

　「〈多世代〉から意見を聞くことは良いことだと思うが、様々な意見を一つの整備計画にとりまとめることができるのか」と、心配する自治体職員や住民の方から良く質問されます。確かに公共施設整備のワークショップを実施すると、同じ施設や敷地に対する提案にもかかわらず、グループごとに別の異なる角度や視点からの提案がたくさん出てきます。基本的には

「多世代」の意見を集めることがワークショップの目的なので、世代間で異なる意見がたくさん出てきた方が成功だといえるでしょう。また「多世代」からなる参加者に、世代間の差異を認識してもらうことも重要なワークショップの要素です。そこでワークショップを前提に、様々な意見を取りまとめる方法を解説します。

現実的には施設整備の目的や方向性は、良く似た提案になる可能性が高いのですが、公共施設に求める機能や設備など、具体的な整備手法については参加者によってイメージが様々です。そのため言葉だけで公共施設の整備の方向性や要望を説明しても具体的なイメージが共有されにくく、その後に出てきた整備案に対する不満や反対が増える可能性が高くなります。一方で提案されたイメージが具体的であるほど、整備内容を共有もしくは精査できる可能性が高くなります。

例えば「運動する空間」という整備目的だけでは、人によって野球だったりサッカーだったり卓球だったりするので、仮に自治体から出した整備案が卓球場だと、野球やサッカーを希望していた人は不満を持ちます。しかし最初に野球・サッカー・卓球と三つのスポーツを前提に整備案が検討できれば、すべてに対応できる整備方法はないか、仮に卓球場しか整備できない場合は野球とサッカーに対してどのような対応策を考えるべきか、具体的な検討をグループ作業で行うことができます。このようにワークショップは、個人の要望を確認するだけではなく、客観的な視点から具体的な対応策を検討できる有用な機会です。

また仮に各グループの提案内容がすべて異なっていても、その提案内容は作業グループの参加者から出た複数の提案を取りまとめた結果です。そのため一人ずつの提案よりも、大幅に提案内容がとりまとめられています。しかもワークショップの参加者は、作業グループ内で活発に意見が交わされるほど一つの意見に取りまとめることが難しいことを、グループ作業を通して感じることができます。そのため、すべての住民の意見を反映した整備計画など存在しないことを、改めて表現しなくても参加者には伝

えることができます。

　なお実際に施設整備を具現化するためには、整備計画案は一つに絞る必要があります。しかしその作業はワークショップではなく、設計段階で行うべきなのです。つまりワークショップでは、住民の声を活かした施設整備を実現するため、設計に求められる条件を整理することが重要なのです。そして「多世代」の住民の声をきくためのワークショップであるならば、施設整備の計画策定前に実施し、その結果を受けて建築家や設計事務所などの専門家が整備計画に反映させることが、最も有効な活用手法だと考えられます。

　しかしワークショップの作業グループが多いと、その成果は一見バラバラに見えることから、整備計画にどうつなげば良いか悩む場合もあると思われます。そこでワークショップの成果をとりまとめるワークショップ後の作業を確認しましょう。

　まずは住民ワークショップ後に、各グループの成果を A4 用紙 1 〜 2 頁に取りまとめた「かわら版」を作成することです。次回の案内資料もかねて「かわら版」を作成すると、作業の振り返りや成果報告にも活用できます。またかわら版の作成は自治体職員や民間企業が行っても良いのですが、できれば参加者に任せられると一番良いので、費用負担も含めて検討すると良いでしょう。なお「かわら版」を作成するだけでも、住民の声はある程度整理できると思われます。そしてワークショップ全体の成果は、個々の具体的なイメージからではなく、施設整備の目的や方向性を中心にグループごとに整理・確認すれば、二つから三つの整備案に取りまとめることができると思います。ここまで絞り込めれば、最終的に 1 案を選ぶことは比較的容易になります。例えば大阪府池田市で行ったワークショップでは、自治体職員案も含めた全 7 案を 3 案にまとめた資料を基に、最終的な整備計画を現在検討している最中です（図 8）。また絞り込む際にどうしても消えてしまう意見や提案が発生してしまいますが、それらがなぜ消えてしまったのか理由を説明することで、さらに説得力が高い整備計画を

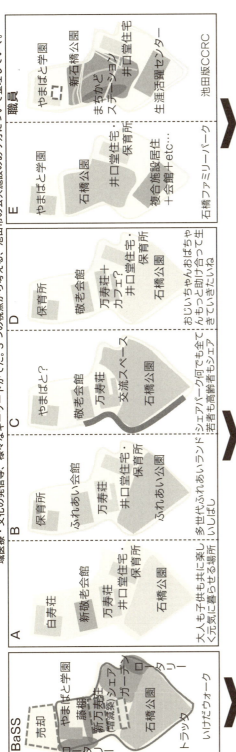

図8 ワークショップ成果の取りまとめ(池田市公共施設再整備案～池田市WSを経て整備計画7案の比較と検証)

策定することが可能になります。

8 公共施設の整備とは日常生活をつくること

　自治体職員が公共施設整備の専門家でない住民の声をきく理由は、その住民が住む地域全体のあり方を見直し、公共サービスを通して生活環境を改善するヒントを探すためなのです。すべての住民が具体的な公共施設の整備を検討することは難しくても、日常的な生活を見直すことであれば誰にでもできるはずです。公共施設は、住民の日常生活のために整備されるべき施設であることから、公共施設の整備を考えることは日常生活の改善方法を考えることになります。つまり公共施設の整備は、建物を建設することが目的ではなく、より良い日常生活を作ることなのです。これほど大切な作業を、自治体職員や一部の関係者にだけ任せてはいけません。これからの公共施設整備では、住民が公共施設を使う側に立つのではなく、整備する側に回る必要があるのです。

　これまで多くの自治体では、「社会世代」の税金を基に自治体職員が中心となって公共施設の整備を行い、公共施設を通して住民に公共サービスを提供していました。つまり公共サービスの視点から見ると、「社会世代」は生産活動を担っていますが、「高齢世代」「学生世代」「幼少世代（＋社会世代)」は公共サービスに対して消費活動しか行っていない状況でした。しかし近年急激に「高齢世代」の割合が増加し、「社会世代」の割合が減っている地方都市において、従来通りのしくみのままでは産業や生活の質を向上させる公共サービスは不足してしまいます。そのため今後は、「高齢世代」「社会世代」「学生世代」「幼少世代」の全世代が公共施設の整備に何らかの形で参加することで、公共サービスや生産活動を増やし、産業や生活の質を向上させる公共サービスを確保するしくみへの転換が求められています（図9）。

　公共サービスの充実には、必ずしも公共施設は必要ありません。そのため公共施設整備をする場でも、必ずしも公共施設の建設を前提に取り組む

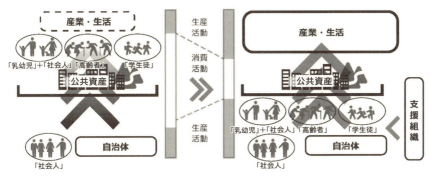

図9 従来の自治体のしくみ（左）と今後あるべき姿（右）の概念

必要はありません。むしろ公共施設を「しまう」ことで、施設整備にかかる費用を縮小し、その分を産業の発展や豊かな生活に回すことが実現できなければ、存続自体が難しい自治体や地域が多い状況にあります。従来の公共施設の充実一辺倒だった自治体の強固なしきたりを再構築し、公共施設を「しまう」しくみに変えるためには、「多世代」の住民と自治体の協働が不可欠です。

3章 自治体全体の公共施設をどう見直すか

堤　洋樹・恒川淳基

　私たちは同じ場所に長く住んでいるので、地域によって立地・環境条件が大きく異なることを忘れてしまいがちです。そのため自分が住む地域を良くするために議論することには関心があっても、それが他の地域に対しても良い方法なのか検証することは現実的には難しいでしょう。そのため自治体職員は自治体を運営する管理者として、責任をもって自治体全体の視点から公共施設整備の配置や規模などを検討する役割があります。一方で住民も、日常生活は自治体が支えていることを認識し、自分が住む、あるいは通う地域の利益だけを考えずに、自治体全体の視点から公共施設整備の配置や規模などを検討する責任があります。

　そこで3章では、自治体全体の視点から、公共施設を「しまう」ために重要な公共施設整備の計画段階において、自治体職員と住民そして民間企業との「協働」と「共有」の視点から、公共施設整備を実現するために必要となる考え方、そしてその具体的な手順について解説します。

1　公共サービスからみた公共施設

　公共施設を「しまう」ためには、公共サービスを見直すとともに、公共サービスの拠点である公共施設を整理することから始める必要があります。本当に必要な公共施設はどの施設なのかを確認し、必要でない施設については、別の必要な公共サービスを活用するか、捨てる（手放す）か検

討することが求められます。しかし、多くの方にとってどの公共施設が「本当に必要なのか」という判断は難しいのではないでしょうか。そこで本書では、「本当に必要なのか」という判断にどうアプローチすれば良いか解説します。

　まず重要なポイントは、「本当に必要なのか」検討すべき対象は、公共施設ではなく公共サービスです。当然ですが、仮に不要な公共サービスが見つかれば、その公共サービスを提供していた公共施設も基本的には不要になります。ただし「不要」という言葉で公共サービスを議論すると誤解を生む可能性があるので、「民間企業と協働できる」公共サービスであるか検討すると良いでしょう。一方で民間企業では提供できないサービスであれば、公共サービスで行う必要が高いと考えられます。

　では民間企業にはできないサービスとは、どのようなサービスでしょうか。様々な視点や立場があるため、その回答は人によって多種多様だと思いますが、「利益がでないサービス」もしくは「リスクが高いサービス」という回答が最も分かりやすいでしょう。例えば警察・消防などの運用を民間企業が行うことは日本では難しいでしょう。同じ視点から見れば国防なども同様だと思われます。また福祉や教育なども、民間だけでは難しいでしょう。上下水道やゴミ処理なども難しいかもしれません。実はここに挙げた公共サービスの一部には、既に民間企業が参入している自治体も存在しますが、その大半は自治体が管理費を支払う指定管理という形態であり、一般的な民間企業のように利用者からの収入のみで経営が成り立っている公共サービスは、法律などによる規制もあるため基本的に存在しません。そのため現状の公共サービスはすべて「本当に必要な」公共サービスだと思われるかもしれません。

　しかし近年、従来は民間企業との協働は難しいと考えられていた公共サービスでも、自治体が民間企業と協働する取り組みが活発になっています。特に電気やガスと同様に、使用料が発生する上下水道などの公共サービスでは、法律改正による規制緩和も進んだことから、海外の事例を参考に民

間企業による運用を検討している自治体が増えています。また海外の事例を見る限り、ほぼすべての公共サービスを民間企業と協働することは可能だと考えられます。もちろんすべてを民間企業に任せることが良いとは限りませんが、聖域はないと考えて検討するべきです。特に財政が厳しい自治体や地域では、立地・環境条件を踏まえ、できる限り民間企業による運用を前提にした公共サービスの整理を行う必要があるでしょう。

　実はその前に、もっと簡単に整理できる方法がたくさんあります。例えば公共施設の整理という点から注目してほしい公共サービスの一つが、公民館・コミュニティセンター・○○会館などの公共施設に設置されている会議室・談話室・多目的室といった、空間を貸し出す「貸館機能」です。「貸館機能」自体は最近、貸会議室を提供する民間企業が増えているように、都市部であれば民間企業でも十分に収益を出すことができるサービスです。そのため現状の公共施設にある複数の「貸館機能」を整理し、一部は民間企業に任せることはできないか再確認する余地は十分あると考えられます。一方で地方部では、都心部に比べて利用対象者の人数自体が少ないので、都心部以上に「貸館機能」の整理が必要な自治体は多いと考えられます。ホールや体育館も含め、「貸館機能」は自治体が所有する公共施設の中でも数や規模が大きく、空間の有効活用を検討すべき施設です。例えば新潟県南魚沼町の旧議場が、ヤマト運輸のコールセンターに利用されている事例を挙げることができるでしょう。

　次に注目してほしいのは、公共施設の利便性を高めるために設置されている「付帯機能」です。例えば役所の中にある食堂など、その施設の利用目的とは直接関係ありませんが、あれば便利な公共サービスです。この「付帯機能」は一見すると利便性が高くなるので、整理する必要はないように思われるかもしれませんが、「本当に必要なのか」という点から見ると残念ながら不要です。しかも基本的に効率が悪く、求められる機能や空間は年々変わるのに放置されている場合が多く見られます。もちろん利便性が高いことは望ましいことですので、民間企業が「付帯機能」を運営

するのであれば問題ありません。なお公共施設に多くの「付帯機能」を入れるほど、整備費が割高になるだけでなく、周辺の店舗など地域に対する影響も大きいと考えられます。自治体職員がまちなかで飲食をしていると怒り出す住民もいますが、本来はまちなかに繰り出した方が地域経済の面からも有用なはずです。この公共施設と地域との連携という視点は、今後さらに重視されるポイントだと思います。例えば長野県安曇野市の市役所は、事務所機能に特化して建設することで整備費を大幅に削減しつつ地域に開いている事例として挙げることができるでしょう。

　また施設名称や施設用途にとらわれずに、必要な機能を検討することも重要です。例えば会議室は、ほぼすべての施設に設置されていますが、施設名や施設用途で利用者が限定されている場合が多いと思います。つまり利用者を限定しなければ、会議室は大量に存在していると考えることができます。また実態調査を行えば、想像以上に使われていない会議室が多いことに驚くと思われます。もちろん貸し出していない会議室が大半だと思われますが、利用していない時間帯を貸し出すなど利用方法を工夫すれば、「貸館機能」として使える空間を大幅に増やすことができます。実は会議の大半は、わざわざ会議室で行う必要がない場合が多く、しかも大人数で議論する必要がある会議の回数は限定されています。そのため会議室が不足している状況は、利用方法の工夫次第で対応できる場合が多いと思われます。なお談話室・多目的室なども、会議室同様の対応が可能でしょう。ダイバーシティやバリアフリーが求められている時代ですので、施設名称や施設用途で利用者を限定せず、誰でも使える空間を提供するしくみづくりが必要です。

2　公共サービスの提供にハコモノは必要か

　公共施設は公共サービスを提供する空間（ハコ）であることから、「ハコモノ」とも呼ばれていますが、なぜか公共サービスを提供するために

は、「ハコモノ」が必要だと考えている人が多いと思われます。例えば選挙の公約に公共施設の整備を前面に掲げる候補者が多いですし、愛知県西尾市のように公共施設の整備手（PFI）が選挙の争点になるだけでなく社会問題にまで発展することも少なくありません。

　しかし自治体の仕事は公共サービスの提供であって、必ずしも公共施設の提供ではありません。公共サービスが適切に提供できるのであれば、基本的には民間施設でも問題ないので、公共施設の整備は公共サービスを提供する一つの手段でしかありません。つまりインフラとは大きく異なり、自治体が「ハコモノ」を準備する必要は基本的にないといえるでしょう。特に都心部では、民間企業が整備・保有する多くの建物を上手く活用することで、「ハコモノ」を「しまう」ことは十分可能です。以前、某特別区の自治体職員から「私たちの自治体で整備すべき最低限の公共施設は何だと思いますか？」と聞かれたことがありましたが、「（この立地なら）ないと思います」と答えて呆れた顔をされたことを思い出します。

　一方で地方部では、やはり最低限の「ハコモノ」は必要でしょう。なぜなら都市部に比べて民間企業や民間施設が少ないですし、仮に民間企業が施設を整備・準備しても利益にならない可能性が高いからです。また多くの自治体では人口減少が始まっていることから、公共施設が余っている状態にあり、その運用に頭を悩ませています。この状態で自治体が民間企業のために施設を整備・準備して、運営が上手くいくでしょうか。実際に自治体による収益事業の多くが失敗しています。例えば青森県青森市の「フェスティバルシティ・アウガ」や岡山県津山市の「アルネ津山」などの事例を挙げることができるでしょう。財政が厳しい自治体が自ら、新しい収益事業や「ハコモノ」の整備に対して、お金を出して一発逆転を目指すのではなく、できる限り整備費の縮小を目指すべきです。仮にお金を出すのであれば、今ある地域資源（産業や生活）の充実と発展、そして現在保有する公共施設の整理を優先して使うべきでしょう。

　また近年では、「ハコモノ」の整備に必要となる資金調達や運用などを

自治体が単独で行わず、民間企業と協働で実施する「官民連携」が全国的に注目を浴び、導入可能性を検討する自治体が増えました。しかし「官民連携」も、本質的な運用面からの検討がないと従来の公共施設整備との違いはあまりありません。なぜなら、「官民連携」を上手に活用するためには、民間企業が積極的であること、自治体に民間企業のサポートを徹底的に行う体制があること、そして経営面から収益が確保できること、という三つが重要なポイントとなります。この三つのポイントが揃っている事業は、岩手県紫波町「オガール紫波」ぐらいではないでしょうか。また残念ながら、日本の「官民連携」では公共施設の新設が前提となっている場合が多いため、「しまう」事例はあまり見られません。自治体にとって、この三つのポイントを揃えることは高いハードルでもありますが、単なる民間企業の支援でしかない「官民連携」では、地方部での導入は円滑には進まないと考えられます。もちろん小さな事例であれば、全国に多くの成功事例がありますので、できるものは公共施設整備に活用すると良いでしょう。

3　ハコモノを増やさない方法はあるか

　従来の公共施設整備は、人口増加に対応して公共施設が不足し、新しい公共施設を新設することが多かったことから、人口減少が急激に進んでいる現在でも、また既存の公共サービスを継続するための再整備であっても、古い施設を取り壊し新しい施設を建設する公共施設整備が大多数を占めています。また長く住んでいると様々なモノが増えて狭く感じるように、公共施設の場合も業務を続けている間に資料や備品が増え手狭になること、また次々と新しい公共サービスが増えていることなどの理由から、新設する施設は従来の施設よりも一回り規模が大きくなる傾向があります。そのため大規模な整備であればあるほど、公共施設を「しまう」ことは難しい場合が多いと思われます。

しかし基本的に公共施設の総量が増えれば、基本的にその増加分だけ維持管理費が必要となり、自治体の財政負担は増えます。そのため公共サービスの品質の維持・向上のために公共施設を「しまう」のであれば、まずはハコモノを増やさない方法を考えることが必要になります。また財政負担削減が不可避であれば、従来の使い方を見直して維持管理費を削減する工夫をする必要があります。

まずは自治体が保有している維持管理の方法を再確認します。既存の公共施設が安心・安全で快適な状態でなければ、建て替えが必要になる可能性が高くなるでしょう。しかし財政が厳しい自治体では、公共施設の維持管理費を捻出することが難しく、ひび割れや雨漏りなどの不具合が放置されている場合が多く見られます。もちろん現場の担当者は定期的な点検により問題を把握しているとは思いますが、予算がつかない限り改修工事は行えません。不具合を確認していても、予算を管理する財務部局が予算の必要性を認めなければ工事はできませんので、現実的には使用不可能になったり何らかの事故が発生するまで修繕や改修が行われない場合が多いのです。そのため工事を行うまでの費用を抑えることができても、利用者に我慢を強いることになるので、施設に対する不満や不便を感じることになります。なお適切な時期に修繕や改修が行われなければ、建物自体のダメージが増え工事費は比較的高くなります。この状況を改善するためには、点検を適切に実施するだけでなく、点検情報を基に予算の必要性や優先順位を示す報告としくみづくりが重要になります。そして簡易な情報収集の方法や客観的な判断基準が求められます。

また利用者の視点からの維持管理は、建物の長寿命化にもつながります。必要に応じて修繕や改修が行われている品質が高い施設であれば、施設の状態を良好に保つだけでなく、利用者は不満や不便を感じることが少なくなるため、結果的に建て替えをする必要がなくなり、長寿命化が実現します。なお建物の長寿命化は財政的な負担削減になると誤解している人が多いのですが、費用面から見れば建て替えを行う時期が遅くなるだけな

ので、短期的に見れば財政負担が削減できるように見えるものの、長期的に見れば財政負担はあまり変わりません。なぜなら高い品質を保持するためには、それなりの費用が必要になるからです。仮に長寿命化により財政負担が削減できたとすれば、その建物は本来必要な修繕や改修を行っていない低い品質の建物である可能性が高いと考えられます。だからといって長寿命化は不要な活動ではありません。新しく建設するために必要となる高額な建設費を早急に準備する必要はなくなりますし、何よりもその地域の文化や歴史を継承する最も有用な手段です。新築同様に無理な長寿命化は財政負担の増加につながりますが、公共施設整備は必ずしも新築である必要はありません。青森県庁のように、利用状況に合わせて延床面積を減らす「減築」という手法も検討できるでしょう。

　また一方で、必要な空間が不足している場合は、民間施設を借りるなど、ハコモノを増やさない方法を検討する必要があるでしょう。仮に自治体が公共施設をこれから建設するのであれば、今後50年以上利用が見込める施設を前提とするべきですが、現在の公共サービスが50年後や100年後も同じ形態で継続しているとは限りません。特にICT（Information and Communication Technology：情報通信技術）による自動運転や遠隔操作は、施設そのものの必要性を大きく変えてしまう可能性があります。また施設を保有すると、その施設を適切に管理する義務が発生し、何か事故があれば責任を問われますので、技術者や専門家が少ない自治体で適切な管理を行うことは現実的に困難です。そのため自治体が民間施設を借りるという行為は、保有リスクや将来リスクの回避という面からもメリットがありますし、保有施設を有効利用できていない民間企業にとってもありがたい方法だと考えられます。

4　共有できるものは公共、占有するものは民間へ

　これまで解説してきた公共施設を「しまう」方法は、別の見方をすれば

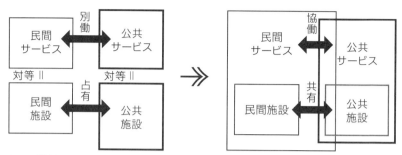

図1　「協働」と「共有」の概念（左：現状、右：今後）

　複数の施設間や部局間、そして自治体と民間企業の間の境を取り払い、空間を「共有」することで解決を目指す方法です。つまり公共サービスを提供する自治体の立場からの工夫を示したものですが、提供すべき公共サービスは次々と増えていますので、根本的な解決には至らないでしょう。公共サービスを利用する住民の立場からの工夫も必要となります。

　その際にも「共有」という考え方が重要なポイントになります。利用者が空間を「共有」することができれば、さらに保有施設の有効活用が実現します。例えば「運動機能」を提供する体育館の場合、多くの自治体では登録団体が利用したい時間帯を申請し、許可された一つの団体がその時間帯は占有する使い方だと考えられます。確かに時間帯を分けることで、一つの団体が丸一日占有することはなく、空間を「共有」することができますが、少なくとも占有している時間帯が発生してしまいます。仮に利用団体が3人でも100人でも、同じ空間を占有しますので、特に人数が少ない場合は必要のない空間まで占有している可能性が高いと考えられます。自治体によっては、体育館をいくつかに区分することで複数の団体が使えるような工夫も行われていますが、これも空間の「共有」であり、利用者の「共有」とは言えません。

　そこで一つの団体が空間を占有するのではなく、例えばバスケットボールの時間帯やバレーの時間帯など、体育館の利用方法で時間帯を分け、利

用者は自分が希望する利用方法の時間帯に体育館を使う方が、公共施設の利用方法としては本来望ましいと考えられます。利用者の「共有」により、自治体は体育館という公共施設で「運動機能」を提供し、住民は健康になるだけでなく、運動を通して住民間の交流を促進することが可能になります。自治体の「縦割り行政」と呼ばれるしくみに問題があるのと同様に、同じ地域内の住民なのに自分たちが所属する団体内だけでしか交流がないのは問題でしょう。利用者の「共有」が進めば、住民間の見えない境界を取り払うことも容易になるので、「多世代」による住民協働も難しくはなくなると思われます。

　もちろん団体スポーツや利用者同士の目指すレベルに違いがある場合は、利用者の「共有」は難しいと思います。そのため1団体で占有したい場合もあるでしょう。その場合、利用者は占有するための代金を払う方法、つまり自治体は有償で貸し出す方法を採用すればよいのです。現実的には法律的なしばりなどがあるので難しい場合も考えられますが、実はこの方法を採用すると代金を支払いたくない人は利用しなくなりますので、結果的に占有を希望する団体は減り、利用者の「共有」がさらに促進される可能性が高くなります。また代金を払ってでも占有したい団体であれば、公共施設でなく民間のスポーツ施設や民間企業の福利厚生施設などを利用する可能性も広がります。このように、「共有できるものは公共、占有するものは民間」という考え方は、様々な施設の使い方に応用できますので、公共施設を「しまう」ために重要な視点です。

　なお現実的には、占有したい団体をすべて民間施設に任せることは難しいと思いますので、従来の公共施設の利用方法を変更し、利用者が「共有」できるプログラムを増やしたり、占有団体のために料金を設定する作業が重要になります。またプログラムや料金の設定は、体育館でなくても有用だと思いますが、設定次第で利用者数や占有団体が利用する割合は大幅に変動することになりますので、慎重な検討が必要になります。ただし、利用方法の検討や設定は、専門家ではない自治体職員が決めるより

も、各地域にある住民団体に任せるべきでしょう。自治体は施設の利用方法をできる限り制限せず、例えば有償利用ができるように法制度の変更や対応を行うべきです。

5　切るべきは切り、再生すべきは活かす

　自治体の立場と住民の立場の双方で「共有」が実現すれば、公共施設に求められる空間は大幅に削減できるでしょう。しかしこれまでの活動は、公共施設の総量を縮減し維持管理にかかる費用を削減するための準備にすぎません。多くの自治体では人口のピークを越えて減少傾向が進んでいることから、高度経済成長期やバブル期に建設された公共施設を中心に、保有する公共施設を必要最低限にまで削減できなければ、本質的な財政改善にはつながらないと考えて良いでしょう。

　もちろん必要最低限の公共施設については、たとえ財政状況が厳しくても建て替える必要があります。しかし切るべき施設は切り、再生すべき施設は活かす整備を実現することで、建て替えが必要な公共施設も最低限に抑えることが可能になり、初めて公共施設を本質的に「しまう」ことができます。しかし公共施設に対して「切るべきは切り、再生すべきは活かす」という方法を採用することに賛成しない人や団体がいるのも現実です。その理由としていくつかの要因が考えられます。

　まず「切るべきは切る」こと、つまり整備対象の公共施設の利用を停止する「用途廃止」に対して、「せっかく施設があるのになぜ使えないのか」「空いているなら使わないともったいない」と感じる人が多いからだと考えられます。確かに使われていない公共施設が存在するのであれば、とりあえず無料でも使いたい人に使ってもらう方が良い方法だと思われるかもしれません。しかしこの認識は、費用面の負担を一切考えていない利用者の視点です。実際に利用者が公共施設を安全で快適に使うためには、維持管理費が必要になります。また何か事故があった場合は、誰が責任を取る

のでしょうか。つまり「用途廃止」した施設を利用者が自由に使うために
は、利用者が費用とリスクを負担することが前提になります。一部の自治
体では、自治会に地域施設を無償で譲渡することで、維持管理費の負担や
リスクの回避を行っています。

　もちろん使わない施設をそのまま放置しているのは、空間の面からも費
用の面からも確かに「もったいない」行為です。そこで使わない施設は取
り壊してしまうか、手放してしまうことが重要になります。取り壊しには
費用がかかるものの、その後維持管理費が必要なくなるので、長期的に見
れば財政負担を削減することができます。また様々なリスクを減らすため
にも、できる限り早く取り壊す方が望ましいと考えられます。なお民間企
業に売却や譲渡ができれば、取り壊し以上に費用削減になるので、ぜひ売
却の可能性を検討していただきたいと思います。例えば青森県では、民間
企業と連携して競売にかけることで、既に複数の県有施設を売却した実績
があります。

　また「再生すべきは活かす」ことに対しても反対する人がいますが、お
そらく反対する人の多くは程度の悪い施設を我慢して利用してきたため、
建て替えが前提でしか考えられないのだと思われます。どれほど古く文化
的価値がある建物でも、利用者が我慢しなければならない状態は良くあり
ません。長寿命化を実現するためにも、できる限り利用者が快適な建物に
なるように手を入れることが重要です。この「古いものを大切にすること
は、昔のまま手を入れないことではない」という概念は、建物だけでな
く、地域や都市にも当てはめることができると思います（5章の小布施町
の事例をご確認ください）。なお残念ながら、適切な維持管理が行われて
いないだけでなく、建設当初から品質が低く、再生する必要を感じない公
共施設が多いことの方が問題だと思います。

　「もったいない」という感覚はとても大切ですが、「使っていない」施設
を無理に利用することや、「使えない」施設を無理に長寿命化することは、
費用面から見れば逆に「もったいない」行為だと言えるでしょう。そのた

め公共施設の長寿命化を検討する前に、公共施設の空間に対する様々な要望を整理することが求められますし、要望が整理できなければ施設を「しまう」ことは難しいでしょう。従来の空間に対する要望を根本的に見直すことから始めることが求められています。

6 住民には必要な整備ではなく活動をきく

例えば住民に「どのような公共施設が欲しいですか」と整備内容に対する要望を聞けば、多様な要望を聞くことができると思いますが、すべてを整備に反映させることは難しいでしょう。なぜなら公共施設で提供される公共サービスの多くは無償もしくは安価であるため、現状の費用負担に対して過大な整備を要望してしまう場合が多いからです。おそらく要望を満たす整備費を負担をしても良いと考えている人は、すでに要望を満たした民間施設を利用しているでしょう。

例えば勉強は自分の家でもできますが、仮に「勉強する空間が欲しい」という要望に対して静かな空間を求めているのであれば、図書館などの公共施設があります。しかし飲食もしたいのであれば喫茶店、教えてくれる人が必要であれば学習塾や専門学校といったように、公共施設では対応できない要望も考えられます。このように整備内容に対する要望は「付帯機能」に対する要望が多くなるため、反映させるためにはハコモノに必要以上に多額の費用を投入する必要が高くなります。

しかし同じ勉強でも、「勉強をする」という活動に対する支援であれば、図書館でなくても「貸館機能」を持つ公共施設であれば対応することが可能です。ロビーやフリースペースを開放すれば、「貸館機能」がない公共施設でも対応できます。また例えば「公務員になる」勉強に対する支援であれば、空間を提供するだけでなく、自治体職員による模擬面接やOB訪問なども実現可能でしょう。活動支援であれば「ソフト」面での対応や工夫で、「ハード」面よりも費用を抑えることが可能になります。

そして「ソフト」面の整備で対応できるのであれば、住民との協働が可能な場面は「ハード」面の整備に比べて大きく広がります。様々な地域で住民の方と関わるとよくわかるのですが、住民の中に公共施設整備の専門家はいなくても、様々な分野の専門家がいます。そのため公共施設で行われている活動をさらに充実させるためには、地域にいる専門家が積極的に活動できる機会を自治体が準備する必要があります。その結果、住民の満足度もが高くなり、自治体職員が直接活動に関わらなくてもよい状況になれば、双方にとって満足できる公共施設整備になるでしょう。

つまり住民の声を聞くという取り組みでは、住民の設備に対する要望ではなく、住民が望む活動を確認することが重要なポイントになります。また住民が利用者の立場だけではなく、公共施設の運営に協力者として関わるしくみがあれば、2章の最後で示した「消費者側から生産者側」になる一つのきっかけになるでしょう。そのため自治体が行うべき行動は、公共施設整備の「ハード」の費用を縮減し、活動自体や協力者などの「ソフト」にできる限り費用を充てること、また協力者が主体的な活動を行う障壁となるしくみや法制度を変えることでしょう。この取り組みこそが、「官民連携」の基本になります。日常的に付き合いがある自治体職員と住民が連携できない状態で、どうして「官民連携」が上手くいくのでしょうか。また住民との連携のために不可欠なしくみや法制度を変えるために自治体内の関係部局で連携できなくて、どうして「官民連携」が実現できるでしょう。

7 「誰も決められないしくみ」を変える

これまで本書の中で様々な提案をしてきましたが、現実的にはなかなか採用してもらえません。その最大の理由は、自治体が従来のしくみや法制度の変革を否定する場合が多いからです。一般的には前例主義と呼ばれている行動です。そしてその理由は、おそらく既存のしくみや法制度が現在

の行動規範になっているため、それらをどのように変えれば良いのか明確な答えを持つ人が自治体の中に少ないからだと思われます。もちろん既存のしくみや法制度に問題がないのであれば、行動規範にするべきです。しかしそのしくみや法制度が、本来行うべき公共施設整備の足かせになっているのであれば、現在のしくみや法制度を変革する必要があるはずです。そしてこの課題を解決するためには、自治体内で公共施設整備の実施が決定されるまでの過程を確認する必要があります。そこで簡単にそのしくみを解説したいと思います。

　まずステークホルダーとして、自治体・住民・議会・民間企業の4者が登場します。そして基本的に公共施設整備が決定されるまでには、住民から要請を受け、自治体は具体的な整備内容を検討し方向性を固めると、議会に検証を求め、了承が取れた後に民間企業に設計や建設などを発注することで、ようやく具体的な実施作業に入ることになります（図2）。一般的な民間企業と比較すると責任や役割分担が不明確で、時間がかかるしくみになっています。もちろん民間企業のしくみが一概に良いとは言えませんし、確かに自治体が暴走する行為を避けることはできるかもしれませんが、公共施設整備が円滑に進まない理由の一つがこのしくみにあると思われます。

　さらに自治体内で公共施設整備の内容を検討し方向性を固めるためにも、責任や役割分担が不明確で、時間がかかるしくみが存在します。特に複合施設の整備など複数部局が関与する施設整備の場合、部局間の協働が不可欠ですが、従来の「縦割り行政」が前提で動く多くの自治体では、部局間での調整に多くの手間と時間が必要になります。また担当者になった自治体職員にとっても、日常的な業務に加え負担が大きく降りかかってくるため、自主的に提案や調整を行う自治体職員が少なくても仕方ありません。本書では、その実態を確認していただくために、老朽化した公共施設を複合化する再整備の計画が実現に結びつくまでに、一般的に必要となる一連の作業の流れを解説します。

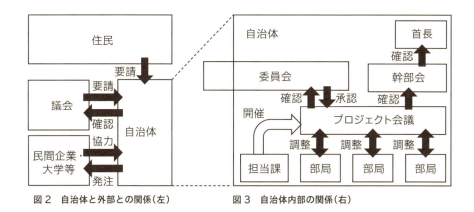

図2　自治体と外部との関係（左）　　図3　自治体内部の関係（右）

　まず再整備をとりまとめる担当課が、プロジェクト会議を開催し再整備の方針を検討し、ある程度まで整備方針を固めます。その整備方針を基に関連する部局が集まり、整備構想案を検討します。その後、外部有識者や関連団体が中心となった委員会で整備構想案を協議し、基本構想案を固めます。この基本構想案を基に担当課が基本設計案をとりまとめ、自治体の幹部会議や首長の確認を取ります。了承されれば、ようやく基本設計の作業が開始されます（図3）。その後も関連部局や幹部会議の了解を得ながら実施設計そして建設に進み、ようやく再整備が実現することになります。

　これらの作業を進める手間を考えただけでも頭が痛くなりそうですが、ほかにも住民との協議や議会の了承も必要になります。また構想案や設計案の作業を民間企業に作成させる場合は、予算を確保する必要があるため、別途で幹部会議や議会の了承が必要となります。このように様々な立場の人間が何度も修正を繰り返すしくみは、誰の意向がどのように反映されたのか分からなくなり、責任も方向性も不明瞭な施設整備になる可能性が高くなります。また一方で職員数が少ない自治体では、民間企業に丸投げしたり、担当課が意見を集約せずに次の作業を進めてしまう場合が多く、明確な方針や構想を持たずに公共施設整備が行われてしまう状況にあります。この誰がいつ方針や構想を決めたのかわからない「誰も決められないしく

み」を変えなければ、公共施設を「しまう」ことはできません。

8　自治体内の協働作業を実現するポイント

　「誰も決められないしくみ」を変え、部局間の「協働」を実現するためには、「責任の明確化」「工程の簡素化」「決定の迅速化」が重要なポイントになります。本書では2自治体における実施決定までのしくみの事例を基に、この三つのポイントの重要性を確認します。また3自治体の実施決定までのしくみを模式化することで、ポイントとの関連性について解説します。

　まず一つ目は、全国の自治体の中でも最も早くから従来の施設整備のしくみを見直し、様々な公共施設の「しまう」を実現してきた青森県の事例です。青森県では、「保有総量削減」「効率的利用」「長寿命化」の三つの推進方向を実現するため、すべての保有施設において施設の性能や保有コストを踏まえた利用調整を行うことで、施設の売却・余裕スペースの貸し付け・施設の利用変更・県庁の減築など、様々な「しまう」を実現してきました。これら取り組みに不可欠なしくみが、企画調整課長を始め関連部局課長で構成された「県有不動産利活用推進会議」です。この会議の決定事項に係る所要経費の財源は、「緊急課題・行財政改革対応経費」として各部局のシーリング外になります。つまりこの会議で整備計画が承認されると、その後に整備予算が削減されることがなくなるため、自治体内の調整による整備計画の変更や見直しが必要になる可能性が低くなり、円滑に作業を進めることができます。

　また二つ目も青森県同様に、従来の施設整備のしくみを見直し、様々な公共施設の「しまう」を実現してきた千葉県流山市の事例です。流山市では、「主要施設の複合化・重点投資」「一般施設の有効活用」「公共施設のオフバランス化」「土地の有効活用」の四つの推進方向を実現するため、青森県を始め様々な自治体で実施された事例を上手く組み合わせ、ESCO

と呼ばれる民間企業との連携による省エネ化・包括委託と呼ばれる管理業務・「官民連携」による施設整備など、様々な「しまう」を実現してきました。これらの取り組みに不可欠なしくみが、市長・副市長・教育長など8名で構成された意思決定機関である「流山市FM戦略会議」です。この会議では各案件の実施判断だけを議論・決定するため、迅速な対応と実施が可能になります。

　なお三つのポイントを確実に押さえる最も簡潔な方法は、施設整備の「予算確保」までの工程をできるだけ短くすることです。予算が承認される段階にならないと、責任・行程・決定の流れが明確になりません。さらに一般的な自治体では、各部局が関連施設を管理している場合が多く、部局間の「協働」を円滑に行うためには、担当課が他部局から独立している方が客観的な判断や調整が容易になります。実際に公共施設を「しまう」ことができている自治体の大半は、「公共施設マネジメント課」など公共施設整備を取りまとめる独立した部局が設置されています。各部局にとっても、関連施設を管理する必要がなくなり、公共サービスの品質向上に集中することが可能になるメリットがあります。仮に「公共施設マネジメント課」など独立した担当課がない自治体でも、企画部や財政部など、直接施設を管理していない部局が担当課として調整すると良いでしょう。なお施設整備を担当する独立した部局に強い権限と責任を持つ専門家を配置し、施設整備を一手に引き受けるしくみは、大手の民間企業、特に外資系企業では一般的です。

　では一般的な自治体では、公共施設整備をどのような作業行程で検討し、関係する部局間の「協働」が円滑に進むのか、実際の3自治体の実施決定体制を模式図を使って確認したいと思います。この3自治体は、実際に筆者らが3年間、整備プロジェクトに関わり現状を確認できた自治体です。自治体によってしくみや体制が異なるため、みなさんの自治体に当てはまらない部分があるかもしれませんが、既存のしくみを改善する参考にはなると思います。

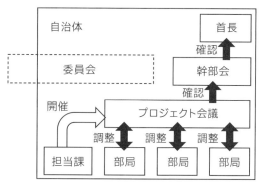

図4 A市の検討体制

A市：3自治体のなかで、最も円滑に整備実施に向かっている自治体

プロジェクト担当課	経営改善課（直接管理する施設：なし）
プロジェクト体制	プロジェクト責任者に副市長、プロジェクト総括に担当課、その下に関係部局を中心とした3プロジェクトチームに職員が参加する体制
首長・幹部との調整	プロジェクトチーム編成前に開催された経営会議に方針を提案し、実施可否の承認を確認。以後は副市長・担当課・関係部局により具体的な検討を実施
プロジェクト運営	各プロジェクトチームの運営は基本的に関係部局に任せ、経営改善課は関係部局に工程の見直し依頼を行う等、各課の進捗管理を行う役割を担っている。なお進捗が芳しくないプロジェクトチームは経営改善課が支援
担当課作業	事業の企画、首長・幹部との調整、プロジェクトチーム編成後の関係部局との調整等を担う。関係部局へのヒアリングや市民アンケート、稼働率等のデータ収集を行いながら、大枠の方針とスケジュール、庁内プロジェクトチームと各課の主な業務についてとりまとめ。各プロジェクトチームに対しては、市の方針の情報共有、各課の業務内容の提示、各課において業務内容の精査と目標期日の設定。担当課がプロジェクト達成のために必要な作業（技術面含む）イメージを明確にもっているため、関係部署へ適切な指示が出せている。会議に副市長が参加しているため、関係部局は限られた時間で重要な部分のみを説明するようになり、緊張感と生産性が向上

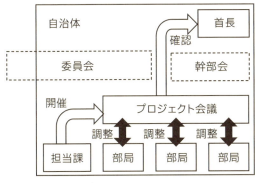

図5　B市の検討体制

B市：A市に比べると円滑ではないが、整備実施に向かって進んでいる自治体

プロジェクト担当課	福祉課（直接管理する施設：あり）
プロジェクト体制	プロジェクト統括に担当課、プロジェクトチームに関係部局の若手職員が参加する体制
首長・幹部との調整	首長・幹部との調整は、基本的に市長とプロジェクトチームの会合で行われ、経営会議のような意思決定機関はなし
プロジェクト運営	若手職員を中心としたメンバー構成のため、現場のリアルな状況を踏まえつつも固定観念に囚われない整備案の創出につながる一方で、プロジェクトチームでの議論内容を持ち帰り了承を得るなど、部局間の調整はあまり上手く機能せず
担当課作業	事業の企画、首長・幹部との調整、プロジェクトチーム編成後の関係部局との調整、外部有識者（大学他）との調整等を担う。しかし事務局は関連部局と同等の立場であるため、全体最適の視点からのプロジェクト推進や他部局のフォローが難しい状況。またプロジェクト開始当初、現状の課題、制約条件、各部署の方針等、何も整理されていない状況であったため、各課の業務内容の提示、目標期日の設定等を行う準備作業を大学や外部コンサルタントが支援

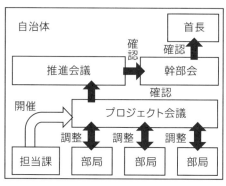

図6 C市の検討体制

C市：他2市に比べ進捗が遅く、整備実施までにまだ時間が必要な自治体

プロジェクト担当課	財政課（直接管理する施設：なし）
プロジェクト体制	意思決定機関としての幹部会議、その下に「公共施設マネジメント庁内推進会議（主に課長）」を設置、その下部組織として「ワーキング部会(施設管理担当課の課長補佐・係長・主査が中心)」を設置した体制
首長・幹部との調整	プロジェクトの内容は非公式の成果報告のみ
プロジェクト運営	「ワーキング部会」の成果を「公共施設マネジメント庁内推進会議」で承認、その後幹部会議で決定するボトムアップ型の決定フロー
担当課作業	担当課が外部専門家の協力のもとで整備案を作成後、「ワーキング部会」で具体的な課題の検討を実施。しかし「ワーキング部会」で案自体の課題ではなく、市全体の施設再編の方針（個別施設計画の策定）を優先すべきだという意見が出たため調整できず、「公共施設マネジメント庁内推進会議」へ上げることを断念。ボトムアップが前提となっているため、担当課がリーダーシップを発揮し調整することが難しい

9 公共施設整備を実現する自治体のしくみ

　仮に従来の公共施設の整備内容が問題であるならば、既存の施設自体をどうすべきかを検討することも重要ですが、その整備を進めてきた自治体のしくみを変えなければ、根本的な解決は難しいでしょう。どんなに良い整備計画が存在していたとしても、その整備計画を推し進めるしくみに問題があれば、途中で整備計画が悪い方向にねじ曲がってしまう可能性が高くなるからです。つまり公共施設の「しまう」を実現させるためには、自治体の「整備計画の策定」と「体制の改善」双方の品質向上が必要になります。

　この「整備計画の策定」と「体制の改善」は、車の両輪のように切り離せない深い関係にありますが、施設整備の作業段階から見れば、どちらも実施段階ではなく計画段階に該当します。この関係は、2章の図4でも解説したPDCAサイクルを使って説明すると分かりやすいでしょう。つまり施設整備の計画段階における「整備計画の策定」は「D」に当てはまり、「体制の改善」は「A」に当てはまります。では「P」と「C」はどのような作業が当てはまるでしょうか。「P」にも「整備計画の策定」が当てはまりそうですが、「整備計画の策定」は個別案件の「設計」作業につながりますので、「P」よりも「D」の方が適当でしょう。そこで「P」には、自治体全体の方向性を検討・確認するために作成する「全体計画の策定」が該当します。また「C」には、議会や住民など「外部からの確認」が適当でしょう。「体制の改善」により「全体計画の策定」の品質が上がり、その成果が「整備計画の策定」に反映され、整備計画の内容について「外部からの確認」をすることで、明確になった課題には「体制の改善」で対応する、この一連のPDCAサイクルの循環が、公共施設整備を実現する自治体全体のしくみには不可欠だと考えられます。

　ただし多くの自治体で、このPDCAサイクルが循環しないために公共施設整備が進まない状況を確認することができます。例えば「全体計画の

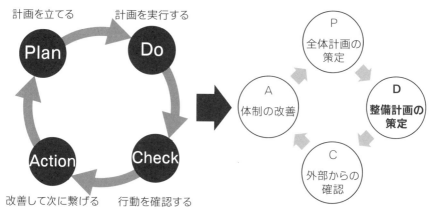

図7 具体的な作業が明確でないPDCAサイクル(左:2章図4)と計画段階のPDCAサイクル(右)

策定」はしていても具体的な「整備計画の策定」につながらない自治体や、議会や住民による「外部からの確認」が実質的に形骸化している自治体、「体制の改善」につながる情報や成果が出てこない自治体、そして「体制の改善」ができない自治体など、様々な課題が明確になるでしょう（図7）。

なお施設整備の一般的な教科書におけるPDCAサイクルでは、「P」には「戦略・計画」、「D」には「プロジェクト管理・運営維持」、「C」には「評価」、Dには「改善」としか示されていません。実はこれは施設整備の実施段階におけるPDCAサイクルの説明であり、「P」に「整備計画の策定」、「D」に「整備の実施」、「C」に「運用成果の確認」、「A」に「再整備の内容検討」を当てはめることができます（図8）。そのため自治体の担当者が混乱し、計画段階に実施段階のPDCAを当てはめようとすると上手くいきません。なぜなら実施段階のPDCAサイクルには、「体制の改善」を行う作業がどこにも入らないからです。つまり計画段階の「体制の改善」が機能し、「全体計画の策定」がすでに完了していて、初めて「整備計画の策定」が実施できる状態になります。また実施段階に進んだはずなのに、個別の整備計画を検討する際に全体計画まで見直しを行うことに

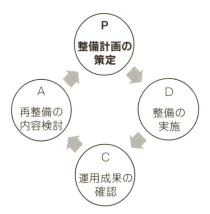

図8 実施段階のPDCAサイクル

なれば、計画段階のPDCAに戻ってしまいますので、再度実施段階に進むためには手間と時間が増えてしまいます。このように計画段階と実施段階のPDCAサイクルは一部異なり、行うべき作業も一部異なることを正確に認識することは、施設整備を円滑に進める重要なポイントになります。

なお計画段階のPDCAサイクルでもう一つ確認してほしいポイントは、住民が「協働」するのは「外部からの確認」の作業であることです。自治体職員が外部からの声を聞くことは重要な作業ですが、「外部からの確認」以外で聞いてしまうと作業の進捗を妨げる可能性が高くなります。特に「整備計画の策定」時に様々な意見を聞くと、いつまでも計画がまとまらなくなる可能性が高くなります。自治体職員と住民の両者が、「外部からの確認」作業で「協働」すると、最も効果的に計画段階から実施段階に進むことを正しく認識する必要があります。

10　整備実現の可能性を高めるためのチェック事項

本章の最後に、計画段階のPDCAサイクル「体制の改善」「全体計画の策定」「整備計画の策定」「外部からの確認」の視点から、公共施設を「しまう」ために必要な作業を円滑に進め、整備実現の可能性を高める自治体のしくみに求められる項目を整理します。自治体の担当者が施設整備の計画策定の作業に取り掛かる場合や、住民や議会が公共施設整備における自治体の準備状況を把握する場合などに利用できるでしょう。

「体制の改善」では、「外部からの確認」の結果を踏まえて自治体全域が

対象となる「全体計画の策定」を行うために、現状の産業や生活を見直し質の向上を図るための準備段階であることを認識することが重要なポイントになります。仮に従来の全体計画を根本的に見直すべき状況であれば、単に施設情報の更新だけで全体計画を作成するのではなく、自治体の体制や法制度を含め従来の枠組みを超えたしくみづくりから行う必要があります。例えば、部局横断的に事業を進める体制、保有施設に関する施設情報等を継続して収集する体制、庁内の理解・協力を得る講習会・職員研修などの実施、などが考えられます。

　「全体計画の策定」では、「体制の改善」結果を踏まえて個別の「整備計画の策定」の指針となる「全体計画の策定」を行うために、「都市マスタープラン」や「公共施設等総合管理計画」など既存の各種全体計画を見直し、現状そして将来を見据えた「全体計画の策定」が重要なポイントになります。仮に現状の整備計画を根本的に見直すべき状況であれば、単に整備計画の内容を修正するだけでなく、全体計画の段階で整備計画に必要な根拠を揃え整備の方向性を明確にすることが必要になります。例えば、将来の改修・更新費用に対する具体的な対応、今後の施設整備の方向性や優先順位に対して明確な根拠、自らの自治体が作成してきた全体計画の中身の熟知、などが考えられます。

　「整備計画の策定」では、「全体計画の策定」を受けて「外部からの確認」で分析・評価の対象となる公共サービスを提供する生活拠点として、質の高い施設整備と運用を実現する「整備計画の策定」が重要なポイントになります。仮に現状の外部評価が機能していない状況であれば、単に整備計画の提案内容を外部評価に合わせるだけでなく、整備計画の中で住民や議会が評価すべきもしくは評価される整備内容を提示することが必要になります。例えば、財務・品質・供給の視点から対象施設の課題を整理、費用分析には長期的な視点（ライフサイクルコスト）による検討、情報分析だけでは整備効果が判明しない場合は現地で確認、などが考えられます。

　「外部からの確認」では、「整備計画の策定」の内容を精査し、解決でき

ていない課題に対応可能な「体制の改善」を行うために、全体計画や整備計画を策定した自治体職員ではなく、住民や議会、必要に応じて民間企業など「外部からの確認」が重要なポイントになります。仮に現状の自治体の体制やしくみを根本的に見直すべき状況であれば、単に専門部局を設立するだけでなく、様々な立場からの意見や要望を収集・確認し整理する手順を確立することが必要になります。例えば、住民の理解・協力を得る講習会・勉強会などの実施、年齢・立場が異なる住民の声を反映させるしくみ、必要に応じて専門家や民間のアドバイスを得るネットワーク、などが考えられます。

　なお本文中には書ききれなかった項目も含め、確認項目を一覧にしました（表1）。計画段階が円滑に進まないと、実施段階まで進まなくなる可能性が高くなります。公共施設整備を実現させるためにも、みなさんの自治体の体制がどの程度当てはまるのか、当てはまらない場合はどのように改善するべきなのか、今後の作戦を練る際に参考にしてはいかがでしょうか。

表1　整備実現の可能性を高める確認項目

視点	確認項目
体制の改善	☐ 部局横断的に事業を進める（民間企業の要求に対応する）体制がありますか
	☐ 保有施設に関する施設情報等を継続して収集する体制がありますか
	☐ （公共施設を「しまう」ために）庁内の理解・協力を得る講習会・職員研修などを行っていますか
	☐ （暫定対策も含め）施設整備を迅速に行う全庁的な体制がありますか
	☐ （施設整備時だけでなく日常的にも）施設整備について相談できる体制がありますか
全体計画の策定	☐ 保有施設における将来の改修・更新費用に対し、具体的な対応が行われていますか
	☐ 今後の施設整備の方向性や優先順位に対して明確な根拠がありますか
	☐ 施設管理者は自らの自治体が作成してきた全体計画の中身を熟知していますか
	☐ 保有施設を用途分類別だけでなく地域別に整理・把握していますか
	☐ 更新時期を迎える保有施設の棚卸（整備検討開始年の把握等）はできていますか
整備計画の策定	☐ 財務・品質・供給の視点から対象施設の課題を明確に整理していますか
	☐ 費用分析には長期的な視点（ライフサイクルコスト）による検討を行っていますか
	☐ 情報分析だけでは整備効果が判明しない場合は現地で確認しましたか
	☐ 整備計画の方向性は全部局と調整・共有した成果が明記されていますか
	☐ 整備計画の内容は自治体幹部にも承認・共有され実施に進めますか
外部からの確認	☐ （公共施設を「しまう」ために）住民の理解・協力を得る講習会・勉強会などを行っていますか
	☐ 施設の利用者だけでなく、年齢・立場が異なる住民の声を反映させていますか
	☐ 必要に応じて専門家や民間のアドバイスを得るネットワークを築いていますか
	☐ 保有施設に関する各種情報（施設カルテ等）を一般公開していますか
	☐ 自治体外部からの情報収集を行う窓口は整理・活用されていますか

個別の施設整備をリデザインする方法

堤　洋樹

　3章では、計画段階の視点から、公共施設を「しまう」ために必要な公共施設の整備に対する考え方と手順について解説しました。しかし自治体全体の視点からの考え方や手順が明確になるだけでは、実施段階の施設整備が上手くいくとは限りません。なぜなら、既存の公共施設を「しまう」ためには、住民に必要な用途や機能のすべてを整理・調整し、最小限の費用で具体的な形や設備に落とし込む膨大な作業が必要になるからです。つまり個別の施設整備を「リデザイン」し、地域全体で公共サービスを提供する新しい拠点の一つとして再構築する必要があるのです。そのため様々な部局が関与する複合的な施設であるほど、その作業は増加するため、効率的に作業を行うことができるしくみがなければ手間や時間がいくらあっても足りません。だからといって、この作業を避けては公共施設を「しまう」ことはできません。

　そこで4章では、公共施設を「しまう」ことを目的とした公共施設整備の実施段階において、自治体職員と住民の「協働」作業の視点から、公共施設を再構築し「リデザイン」するために必要となる考え方、そしてその具体的な作業手順について解説します。

1 目指すべき産業と生活の方向性を明確にする

　公共施設整備は住民が日常生活の見直しを行う最適なきっかけであることは、既に2章で簡単に解説していますが、住民の要望だけを実現する施設整備が必ずしも正しいとは限りません。例えば、清掃工場のような迷惑施設と呼ばれる住民の要望には反する公共施設整備であっても、実施する必要がある場合もあります。整備内容と日常生活のバランスを確認し、施設の必要性を様々な立場の住民に確認する作業が必要になることから、基本的に内部決定だけで進めることができる民間施設の整備に比べて、公共施設整備のリデザインが難しい要因の一つだと考えられます。そのため自治体と住民が協働し、目指すべき産業と生活の方向性を明確にする作業が重要になります。そこで以下にその方向性を明確にするための作業手順を示します。

［作業手順］

1. 再整備が必要な公共施設がすでに存在している場合、まずは現場でなぜ再整備が必要なのか、住民の生活にどのような影響があるのかを再確認

2. 同じく現場で、住民に対してどのような公共サービスが提供されているか洗い出すとともに、利用者・管理者の不満・要望などを確認

3. 再整備の理由が施設の問題であれば、住民の生活への影響を踏まえ、その施設が本当に必要なのか、他の公共施設や民間施設で代替できないか検討

4. 再整備の理由が住民の生活に不可欠な公共サービスであれば、施設の使い方を変えることで対応できないか、公共サービスの提供方法を変えることで対応できないか検討

5. 民間施設の賃貸や運用委託などの「官民連携」も含め、住民の生活に不可欠な公共サービスの質を向上させながら対象施設の規模や財政負担を縮小する手法を検討

6. 現状提供していた公共サービスを縮小・削減することになる場合は、利便性の向上など代替の公共サービスを提供できないか検討

　仮に図書館の再整備を検討する際に、ありとあらゆる分野の書籍が本棚に並び、静かな雰囲気の中で読書をする空間といった、既存施設のイメージから離れなれない人が多いと思います。しかし本当にそのような空間が必要であるか、日常生活の中でどのように図書館を利用しているのか再確認することが重要です。例えば目的の本を借りるだけであれば、予約をすれば近くの公共施設まで配送する公共サービスの方が図書館よりも便利でしょう。本を読むよりも勉強をすることの方が多ければ、あらゆる分野の本は必要ありません。コーヒーが好きならば、喫茶店で本を読んだ方がくつろげるでしょう。もちろん図書館の存在自体を否定するつもりはありませんが、図書館で調べものをするのであれば、中途半端に本が揃っている図書館が複数あるよりも、1ヶ所に集中させてなかなか手に入らない本が充実している方が1ヶ所で調べものが済むので便利です。それなら小規模な図書館は、例えば絵本や幼児書に特化して特徴を出した方が利用者に喜ばれるかもしれません。また自習室としての利用が多いのであれば、図書館である必要すらないでしょう。このように日常的な生活を前提に公共サービスを見直すと、既存とは異なる施設の用途や利用方法が浮かび上がってくる可能性があります。

　では観光施設はどのように考えれば良いでしょうか。多くの自治体では、自治体内の人口減少に伴う経済の低迷を、国内観光客やインバウンドによる経済活動の活性化や税収増加を期待して観光施設を整備します。もちろんその目的自体は良いのですが、問題は費用対効果と住民の利用動向

です。例えば高額所得者を対象とした宿泊や食事を提供する施設を自治体が整備すると、多くの住民は利用できなくなってしまいます。一方で安易に価格帯を下げると、どこにでもある魅力がない施設になってしまいますので注意が必要ですが、経済効果があるからといって多くの住民が使えない施設を公共施設として整備するのは問題でしょう。もし特定の人を集客したいのであれば、自治体が主体になるのではなく、民間企業の誘致などを積極的に行うべきです。また自治体であっても整備費以上に経済効果が期待できる施設整備が前提になるのは当然ですが、その前に公共サービスならば観光客と同じくらい住民が積極的に利用したいと思える地域資源の活用を検討するべきでしょう。

　このように自治体職員が住民の日常生活を本当に豊かにする公共サービスをリデザインするところから始めれば、公共施設の保有を前提としない自治体運営の方法が見つかるはずです。また公共施設の保有や運営をできる限り民間企業に任せるためには、自治体は既存の概念やしくみを変える作業が不可欠になりますが、自治体と民間企業双方の利害が一致するのであれば、迅速かつ積極的な対応が求められているでしょう。

2　施設単体ではなくエリアで考える

　公共施設を「しまう」とは、有効利用されていない公共施設は整理し、保有する施設総量を最小限にすることが基本ではありますが、一方で今ある公共サービスは維持もしくは向上させることが前提となります。そのため一つの公共施設に公共サービスを集約し、利便性と効率性を高める施設統合も一つの対応策ですが、その分施設の規模が大きくなるため多額の整備費が必要になり、必然的に整備できる施設は限定されてしまいます。そのため公共施設のリデザインでは3章で示した会議室のように、施設単体で課題を解決しようとするのではなく、「エリア」内にある複数の施設で必要な公共サービスを「共有」する発想が求められます。そこで以下にそ

の発想を得るための作業手順を示します。

[作業手順]

1. 「エリア」としてとりまとめる範囲は、小学校区や中学校区が基本になるが、周辺の特徴や状況、場合によっては歴史に配慮しながら調整

2. 検討する「エリア」の範囲が確定したら、「どこに何があるかを把握する」ことから始めるため、地図上に「エリア」内の公共施設をすべてプロット

3. プロットしたすべての公共施設は、どのような用途や機能なのか、規模はどの程度なのか、いつごろ建設されたのかといった、施設を知らない人でもある程度イメージができる程度の基本的な施設情報を確認

4. エリア内から、再整備の対象施設の用途や機能と重複している施設や、空間や設備があまり利用されていない施設を抽出し、用途や機能の整理を行うことで、不足する空間に変換するなど、既存施設の有効活用を検討

5. 「エリア」内の公共施設だけでは対応できない場合、「エリア」内にある同用途の民間施設もプロットし、「官民連携」が実現できそうな施設を抽出

6. 自治体と民間企業双方の費用対効果を明確にし、民間企業が積極的に空間を「共有」したいと思える利用方法を検討し、自治体から提示する整備案を作成

　仮にその「エリア」にとって自習室が不可欠な公共施設整備である場合を考えてみましょう。自習室のように特殊な設備が必要のない空間であれば、2章で解説した空間の「共有」を行うべきです。そこで「エリア」内

からあまり利用されていない公共施設を探し出し、その公共施設を有効活用して自習室を整備することが望ましいと考えられます。なお各施設から少しずつ空間を提供できれば、わざわざ一つの施設に自習室をまとめる必要もありません。民間では既に民泊・駐車場・事務所・店舗など様々な用途で「共有＝シェア」が実現しています。

　もし適当な公共施設が見つからない場合は、実は民間施設を上手く活用する「官民連携」を検討する絶好の機会です。「エリア」内に空間が余っている事務所や店舗があれば、その一部を自治体が賃借するなど、施設の共同利用の検討を行うべきです。自治体単体で公共サービスを提供するよりも安価に満足度の高いサービスの提供が可能になるかもしれません。例えば最近のコンビニエンスストアでは、都心部でもフリースペースを多く取り、利用客に無償で提供している店舗をよく見かけるようになりました。もちろんこのフリースペースは、商品購入を期待しての取り組みなので、公共施設のように自習室として無償で利用することはできないかもしれません。しかし、仮にコンビニエンスストアと上手く連携できれば、新しい公共サービスの提供につながる取り組みになることが期待できます。

　自習室とは逆に、既存の図書館のような読書が中心となる公共施設整備が要望される場合を考えてみましょう。その場合は、空間以上に図書の確保が求められると思われますが、公民館や学校など様々な公共施設に設置されている図書室から集めるだけでも、かなりの図書が揃うと考えられます。さらに住民からの寄付などをお願いすれば、相当数が揃うと思いますし、仮に集まらないのであればその「エリア」には本を読む人が少ないと考えて良いでしょう。十分な図書と快適な読書空間が提供できれば、新しい図書館を建設する必要はなくなる可能性が高くなります。なお公式な図書館は「図書館法」という法律による制限が多いのですが、非公式な図書室であれば特に制限されません。例えば宮城県女川町の会議室を二つつなげ図書室に改修した「女川つながる図書館」のように、不足する部分は配達や移動図書館（車両）と連携させるなどの工夫次第で、一般的な図書館

と同等の公共サービスを提供することは可能です。

　「自分たちが住む地域に、大きくて立派な新しい公共施設が欲しい」という要望自体は悪くはないのですが、自治体の財政が厳しい中、新しくて大きな公共施設を簡単に整備することはできません。また大きくて立派な施設が不可欠な公共サービスは、特殊な機器や設備が必要となる限定された公共サービスでしょう。本来そのような公共施設は自治体全体で、もしくは複数自治体で「共有」すべきです。一方で日常生活で使う公共施設は、小さくてもできるだけ「エリア」内に整備し、気軽に使える施設にリデザインした方が良いでしょう。

3　情報が公共施設の配置や内容を決める

　大きくて立派な公共施設の代表である総合図書館や中央公民館など、自治体全体で利用する公共施設はもちろん、地域の図書館や公民館も当初は自治体全体のバランスを考えて地域に配置されているはずです。そのため運よく近くによく使う公共施設が整備されれば幸運ですが、遠くて利便性が悪い場合や、そもそも該当する施設がない場合は、誰でも近くに欲しいと感じるでしょう。しかしその公共施設が本当にその場所に必要かどうかは、自治体の財政状況や地域の立地・環境にも大きく影響するため、簡単に判断することはできません。そのため公共施設のリデザインでは、判断の根拠として客観的な数値などを使った分析を基に、自治体と住民が協議する必要があります。そこで以下に根拠を基に協議を行うための作業手順を示します。

［作業手順］

1. 自治体が保有する既存施設の状態を簡易的に把握するため、すべての施設の「基本情報」の収集と整理、可能であれば情報システ

ムを活用し情報の一元化を推進

2. 整備対象施設の状態を把握するために、同様の用途や機能を持つ施設の基本情報を比較分析し、その結果を分かりやすく図表で表現し比較

3. 検討すべき「エリア」が確定すれば、エリア内にある公共施設は、整備内容の検討内容に応じて不足している施設情報を利用者や管理者へのヒアリングなどを追加で実施

4. 「エリア」内の施設をプロットした地図に、収集情報から得られた分析結果を配置し、位置の視点から確認する検討資料の作成

5. 分析結果や検討資料、可能であればその元データは、自治体関係者だけでなく住民や議会と「共有」し、「情報の非対称性」と呼ばれる立場による情報格差を解消

6. 検討する再整備案は複数案を準備し、既存の施設整備とも比較することで、各再整備案のメリット・デメリットを明確にしながら検討

　なお「基本情報」とは、再整備の検討を行う必要があるかどうかを判断するため、簡易な施設評価を行うために必要な最低限の施設情報を示しています。なぜなら整備対象施設を限定する前に詳細な情報収集を行うと、大変な手間と時間が必要となり、再整備の検討が進まなくなるからです。しかしどの程度の施設情報を「基本情報」とするかは、自治体によって必要とされる分析が異なること、また施設評価も「基本情報」と同様に自治体によって重視する評価項目が異なることから、正解はありません。本書ではBaSSプロジェクトで用いている「基本情報」と評価項目を例示します（表1）。

　例えば児童数が減少し小学校の統廃合の検討が必要な場合、まずは統廃合の候補である小学校だけでなく、全小学校の状況を施設情報で把握する

表1　施設評価（左）と地域評価（右）の評価項目例

	評価項目	指標例		評価項目	指標例
管理者視点	安全性	建設年、耐震性能	将来性視点	安全性	ハザードマップ
	健全性	法定点検、消防点検		健全性	高齢化率
	経済性	運用費、修繕費		経済性	人口推移数
利用者視点	利便性	人口密度、ハザードマップ	利用者視点	利便性	人口密度
	快適性	設備法定点検、バリアフリー		快適性	DID地区、都市計画区域
	活用性	利用率、稼働率		活用性	道路延長

ところから始めます。すると、将来的に児童数が激減もしくは激増する可能性が高い小学校など、様々な課題を抱えている小学校も同時に把握することができます。そして小学校だけでなく中学校も併せて施設情報を分析すると、小中一貫校や小中併設校の可能性など、整備の可能性が広がります。また小中学校は単に小中学生が利用する施設ではありません。夜間や休日の学校開放により、公民館や図書館などと同等の機能を住民に提供できる可能性を持つ複合施設です。グラウンドや体育館は当然、特別教室と呼ばれる家庭科室や理科室、音楽室なども住民と「共有」し、地域コミュニティの中心施設として活用するべき公共施設だと考えられます。そのため学校施設だけでなく、「エリア」内にある全ての公共施設との連携を前提に小学校の統廃合を検討することで、効率が悪い整備手順や過大な施設整備などを大幅に削減することが可能となります。

　一方で同じ公共施設でも、火葬場や清掃工場など必要ではあるものの住民からは嫌われる公共サービスを提供する施設は、日常的には無意識に使っていますが、近くに整備されることが検討され始めると急に意識が高まり、

反対運動などが起こりがちです。このような施設の場合、おそらく複数の候補地の中から選ぶことになると思いますが、中央図書館や中央体育館以上に判断の根拠になる客観的な分析や検討が求められます。仮に候補地に疑問がある場合、住民も単に自治体の整備案に反対するだけでなく、整備に適していない理由を客観的な根拠を基に説明するか、民間企業の誘致などを行い候補地から外れるような有効活用を実現させる活動が求められるでしょう。なお他の候補地が見つからないのであれば、より良い整備の方向性や内容を住民と自治体が「協働」し協議した方が、自治体だけでなく住民にとっても有用な解決になると思われます。

　未だ大半の自治体では、分析に耐えうる施設情報が収集もしくは整理されていないため、客観的な検討を行うためには時間や手間がかかると思います。しかし施設情報の分析なくして具体的な整備内容を検討することはできません。そのため自治体はICTなどの情報技術を活用し、できるだけ早く情報環境をリデザインする必要があります。なお近年の情報技術の急速な発展は、施設整備の費用削減や省力化を実現させる可能性があると思われます。特に自動運転やドローンなどの技術発展は、「距離」の問題、つまり「エリア」が持つ課題を大幅に解消することが期待できるため、公共施設のリデザインの可能性は広がることでしょう。

4　運用方法から整備内容を検討する

　施設整備は、対象施設が建設されるまでに必要となる一連の作業が対象であり、利用開始の段階になれば作業は完了すると考えている人が多いかもしれません。しかし公共施設整備の目的は、施設の建設ではなく、住民に対する公共サービスの質の向上を実現するための拠点整備であり、建設後の適切な施設運用が最も重要です。つまり公共施設のリデザインは、整備内容以上に運用方法の検討の重要性が高いと言えます。特に施設整備は長期的に利用することが前提となるため、その間に住民が公共サービスに

求める姿が変わる可能性があります。実は公共施設の再整備も、建物自体の寿命が来る前に公共サービスの変化や住民の要望に対応できずに実施される場合が多いのです。そのため施設整備では、運用の検討を基に整備内容を固める作業が不可欠です。そこで以下に運用方法から整備内容を検討するための作業手順を示します。

［作業手順］

1. 現状の課題を数値情報など施設情報を基に明確にするとともに、「官民連携」も含め課題への対応策を複数の視点から検討

2. 将来的にも同様の課題が発生する可能性を検討するため、自治体の全体計画や方向性を再確認するとともに、社会情勢を踏まえた客観的な検討による整備の方向性を確認

3. 住民への継続的な公共サービスの提供を実現するため、財政的な負担をできる限り削減するとともに、災害などの事態にも対応可能な運用手法を検討

4. 住民の満足と安心・安全を確保するため、継続的に施設の質を確保する日常的な点検・修繕のしくみや、公共サービスの充実を実現するソフト・ハード両面からの運用手法を検討

5. 住民の利便性や必要最低限の空間を確保するため、施設の規模や配置の検討材料となる情報収集・分析を行うしくみと、迅速な増設・売却・取り壊しなどの検討が可能な運用手法を検討

6. 継続的に運用状態を把握し、必要に応じて適切な修正・変更が可能な体制と、再整備の検討を円滑に行う準備のため定期的に運用情報を収集・分析するしくみを構築

　なお作業手順のうち、3.は「財務」の視点、4.は「品質」の視点、5.は「供給」の視点と、施設マネジメントの基本である三つの視点からの作業

となります。また4.の「品質」については、PDCAサイクルを用いて次節で解説しますが、現状は把握できても将来どうなるかは誰にもわかりませんので、施設整備時だけの対応では不十分であり、継続的に改善するためのしくみを施設整備前から検討、もしくは準備しておく必要があるのです。どんなに重要な施設であっても、すぐに使えなくなることが分かっているのであれば、建設しない方法を検討することも必要です。

　自治体最大の財政負担である福祉関連の公共施設について考えてみましょう。例えば近年の高齢化社会の中で多くの高齢者が利用する養護老人ホームは、今後さらに高齢者の割合が高くなることが予測されていることから、整備の必要性が高い公共施設だと考えられています。しかし運用面から見ると、養護老人ホームを単純に増やして良いのか疑問です。自治体の財政負担の増大という問題だけでなく、本当に養護老人ホームを利用する高齢者が増える地域社会が望ましいのか、将来的に高齢者の絶対数が減少した後に養護老人ホームの運用はどうするのか、施設整備の段階で検討するべきです。一方で人口割合が減少している子どものために整備される保育園なども同様に運用面から検討することが必要です。絶対数が減っているからといって、待機児童が多い保育園を減らして良いのでしょうか。日本の将来のためにも、保育サービスを充実させる必要はないでしょうか。施設整備の際には、現状の課題解決だけではなく、将来の課題解決を目指した検討が不可欠なのです。

　さらに公営住宅についても、福祉施設同様に考えてみましょう。公営住宅法に「…これを住宅に困窮する低額所得者に対して低廉な家賃で賃貸し、又は転貸することにより、国民生活の安定と社会福祉の増進に寄与することを目的とする」と明記されているとおり、生活のセイフティーネットとして重要な公共施設です。ただし住宅が不足していた高度経済成長期に大量に建設された公営住宅の老朽化や管理・運営に多くの自治体が頭を抱えています。しかし高度経済成長期ならともかく、空き家が社会問題になっている時代に、なぜ自治体が大量の住宅を建設し提供する必要がある

のでしょうか。また社会福祉の増進のためには、住宅の供給だけではなく、子育てや介護などへの対応も必要です。一部の自治体では、賃貸集合住宅の一括借り上げや家賃補助などを通して公営住宅の戸数を減らす取り組みが行われていますが、他用途への転用は公営住宅法などの法規の縛りがあるため難しい状況です。

　公共施設の運用を考えることは、自治体自体の存続を考えることにつながります。「どうにかなるんじゃないの」と思っている人も多いかもしれませんが、北海道夕張市は炭鉱が閉山した際に施設などを買い入れたため財政状況が悪化し破綻につながりました。自治体によって程度の違いはありますが、過大な公共施設整備が公共サービスの質、そして自治体の運営に悪影響を与えていることは間違いありません。

5　自治体を変える住民の働きかけ

　もし皆さんが住んでいる自治体が、公共施設整備やその運営方法に問題を抱えていたとしても、現実的には自治体の体制や法規の壁に遮られ、待っているだけではなかなか改善されません。住民との「協働」により空間の「共有」を推進する公共資産整備を実現させるためには、住民から自治体に対して、体制や法規のリデザインを働きかけることが求められます。つまり自治体を変えるためには住民の働きかけが不可欠です。そのためには3章で解説した自治体のしくみを明確にして、そのしくみを上手く活用する必要があります。そこで以下に住民から自治体に働きかけるための作業手順を示します。

［作業手順］

1. 整備計画の対象となる施設だけでなく、地域全体の公共施設の運用に対して住民全員が興味や関心を持つために勉強会などを開催

2. 住民からの要望を取りまとめるとともに、自治体から提供された施設情報や独自の調査結果を基に客観的な分析・評価による根拠を整理

3. 継続的に公共サービスが提供できる施設運用の実現可能性を高めるために、空間の「共有」や「官民連携」など具体的な手法について検討し、その費用対効果を確認

4. 要望を反映した施設整備の実現可能性を高めるために、住民も整備内容の必要性や日常生活に与える影響を検証することで、住民間の要望を調整

5. 要望を反映した空間や配置による施設整備の実現可能性を高めるために、様々な立場や年齢の住民からの声を集め、住民全員の日常生活の質が向上する用途や機能を整理

6. 自治体と協議を行う機会をつくり、これまで整理・調整した要望を具体的に提示するとともに、仮に実現性が低い場合はその障壁となるしくみや法規への対応を自治体との「協働」で検討

　なお前節同様に、作業手順のうち3.は「財務」の視点、4.は「品質」の視点、5.は「供給」の視点と、施設マネジメントの基本である三つの視点からの作業となります。また6.は施設整備に対する要望や提案だけでなく、自治体のしくみや体制を変える方法についても検討を重ねることで、より住民協働による施設整備の実現につながります。この関係を改めて3章の図8で整理したPDCAサイクルで確認しましょう。

　施設整備の実施段階なので、図1のPDCAサイクルでは「P」、つまり「整備計画の策定」に該当します。しかし整備計画を考える時点では、対象施設はまだ運用されていませんので、「D」の「整備の実施」、「C」の「運用成果の確認」、Dの「再整備の内容検討」を対象施設で検討することはできません。そのためPDCAサイクルを回して品質の高い施設整備を

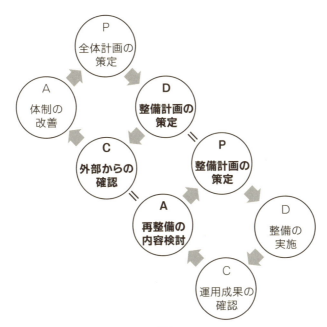

図1　計画段階と実施段階のPDCAの関係

実現するためには、「P」の「整備計画の策定」ではこれまでの施設整備の情報を用いる必要があるのです。また重要なポイントは、「P」の準備段階でもある「A」に該当する「再整備の内容検討」です。これが再整備計画を確定する前に行う作業であり、正に本書の2章で解説してきた住民協働なのです。公共施設を「リデザイン」するためには、この「再整備の内容検討」を自治体と住民が協働して行うことが、施設整備の実施段階で最も重要な作業になると考えられます。

なお3章の図7と図8のPDCAサイクルは、実は連動して回っています。計画段階の「D」と実施段階の「P」が同じ「整備計画の策定」なのに気付いた方もいるかもしれません。同様に自治体全体の「C」と施設整備の「A」も重なります（図1）。そのため整備計画全体の品質向上のために行う「外部からの確認」と施設整備の品質向上のために行う「再整備の内容確認」の作業は、自治体よりも住民が主体となって行うことが重要なポイ

ントになります。つまり住民が自治体に対して何らかの「行動」を起こすためには、自治体全体の「全体計画の策定」や「整備計画の策定」の段階ではなく、施設整備の課題とその対応策を自治体に提言する「外部からの確認」の段階であり、住民「協働」による「再整備の内容検討」の段階で自治体を説得する準備をしておかないと自治体も対応できないのです。

これまでの公共施設整備は、基本的に施設用途や法規で必要となる整備内容がほぼ確定していたため、自治体職員だけでも検討が可能でした。しかし近年は複合的な用途が求められ、それに合わせて法規の制限も緩やかになってきたことから、整備の範囲や可能性が広がりました。そのため、自治体職員だけで公共施設整備を検討することは難しく、住民「協働」が不可欠な状況になりました。しかし自治体の体制は、この状況の変化にまだ対応できていません。「体制の改善」が必要なのです。だからこそ住民は公共施設の「再整備の内容検討」に積極的に参加し、「外部からの確認」を機能させる必要がありますし、自治体は住民による「外部からの確認」、つまり「再整備の内容検討」を住民「協働」で行うしくみを構築する必要があるのです。

6 計画を変えるために準備段階を変える

従来の整備計画を「リデザイン」するために住民が働きかける必要があるのであれば、「整備計画の策定」の段階では遅すぎます。なぜなら「整備計画の策定」の段階はすでに、自治体職員もしくは専門家が整備の方向性を確定し、整備内容を具体的に取りまとめる段階だからです。時代遅れの整備手法を根本的に変えたいのであれば、整備計画を策定する準備段階である「再整備の内容検討」から変えることが必要です。そこで改めて図1のPDCAサイクルにおける「再整備の内容検討」の位置づけを明確にすることは、公共施設を「しまう」再整備計画に「リデザイン」するための重要なポイントになります。そこで以下に従来の再整備計画を「リデザイ

ン」するために実施段階の PDCA に必要な作業手順を示します。

［作業手順］

1. 「再整備の内容検討」は日常生活を見直す絶好の機会であり、住民にとって日常生活を改善する工夫や方法を「提案する場」として、自治体は「計画を決定する場でない」ことを認識して、各種要望を整理

2. 「整備計画の策定」は、自治体が「再整備の内容検討」をふまえて具体的な整備の形にする段階であり、専門家が中心となって整備の方向性を確定し、具体的な整備内容に取りまとめ

3. 「整備の実施」は、自治体が公共施設の整備と運用を円滑に実施する段階であるため、長期的な視点から管理を実施するとともに、「再整備の内容検討」のために情報を収集・提示

4. 「運用成果の確認」は、自治体と住民が「整備の実施」が当初予定通りの成果を生み出しているか各種情報を基に経年・施設間の比較分析を実施

5. 「再整備の内容検討」は、自治体と住民による「運用成果の確認」の結果を基に、従来の施設整備の改善すべき課題を整理、必要に応じて再調査

6. 同様に「再整備の内容検討」は、将来の社会状況や環境変化に従来の施設整備が対応できるか、また最先端の技術や概念を導入できるか検討　→1の作業に

では大阪府池田市で行った「敬老の里プロジェクト」における「再整備の内容検討」を事例に、具体的な検討項目を確認しましょう。「敬老の里プロジェクト」は、1972（昭和47）年に開設した敬老会館や1973（昭和48）年に開設した養護老人ホームなど老朽化が進行している公共施設が

図 2 住民ワークショップで提示した2案 (左: BaSSプロジェクト案, 右: 池田市プロジェクトチーム案)

多いことから、施設周辺を含む地域一帯の再整備の検討を池田市とBaSSプロジェクトが「協働」で進めているプロジェクトであり、2019（令和元）年8月時点で「整備計画の策定」段階です。

2017（平成29）年2月に池田市とBaSSプロジェクトが研究協定を結び、「敬老の里プロジェクト」が始まりました。2017（平成29）年4月に入ると自治体職員で構成されたプロジェクトチームが立ち上がり、具体的な整備の方向性の検討を行う体制が整ったことから、5月にはプロジェクトチームとBaSSプロジェクトが整備の範囲や方向性について最初の「たたき台」（整備素案）を出し合い、検討が始まりました。この段階で敷地が隣接している大阪府社会福祉事業団が管理している軽度老人ホームや公園、そして近接している児童発達支援センターまで整備範囲を広げ、検討を進めてきました。また10月には民間企業から整備内容について意見を聞くサウンディング調査、翌年1月には池田市で開催したBaSSプロジェクトのシンポジウムをの中で、「敬老の里プロジェクト」について概要説明、そして2月にはBaSSプロジェクトとプロジェクトチームの両者が作成した「たたき台」2案（図2）を基に近隣住民を中心とした住民ワークショップを3回行いました。そして2018（平成30）年4月以降、住民ワークショップの結果を取りまとめ、最終的な整備の方向性を確定しようとした段階で、軽度老人ホームが共同整備を断念したため、8月に敷地を一部縮小した「たたき台」を作成し、「再整備の内容検討」段階は一応完了しました。

9月以降は「整備計画の策定」段階に入ったことから、BaSSプロジェクトの作業を引き継ぎ一般社団法人建築保全センターが中心となって2019（平成31）年3月に「池田市敬老の里基本構想」を作成し、2019年度は「整備の実施」に進むための準備期間として作業を行う予定でした。しかし4月に市長が辞職し新市長に変わったことから、約半年間作業が進まず、「敬老の里プロジェクト」も白紙に戻る可能性が高くなりました。しかし8月に新市長とBaSSプロジェクトで会合が行われ、BaSSプロジェ

クトがこれまで行ってきた検討内容を軸に、新市長の公約でもある「ダイバーシティの推進」「スマートウェルネスシティ構想」「スーパーシティへの挑戦」に取り組むことで合意しました。

　自治体のしくみ、プロジェクトの規模や状況、周辺環境などによって「再整備の内容検討」「整備の実施」に必要な作業は異なるため、「正解」の施設整備計画はありません。状況に合わせて様々な課題を一つ一つ解決する必要があることから、多くの手間と時間が必要になります。しかし時間をかけると、人事異動や市長選挙の度にプロジェクトは何度も振り出しに戻される場合が多く、最悪の場合はプロジェクトが中止になります。だからといって、「再整備の内容検討」段階で手を抜くと、公共施設を「しまう」ことができなくなる可能性が高くなります。「再整備の内容検討」を迅速かつ慎重に実施するためにも、「整備の実施」段階や「運用成果の確認」段階での情報収集や分析・評価を確実に済ませておく必要があります。

7　住民ワークショップをリデザインする

　それでは「再整備の内容検討」の際に有用な「協働」作業の一つの手法である住民ワークショップにより、基本・実施計画の準備作業である「たたき台」を作成するポイントを確認します。なおワークショップには様々な手法や目的があり、その作業期間も1時間程度で終わるものから10年を超えるものもありますが、本書で解説する住民ワークショップは、3～4回を2～3ヶ月程度で行うことを意識しています。なぜなら住民ワークショップは「再整備の内容検討」段階の作業の一つであるため、住民ワークショップだけに時間を取られすぎると施設整備まで辿り着かないからです。そこで以下に住民ワークショップを「リデザイン」するために必要な作業手順を示します。

［作業手順］

1. 住民ワークショップを実施する前に自治体職員を対象に公共施設マネジメントの講習会やワークショップなどを開催し、関係部署間での施設情報や整備方針の共有による自治体内の連携強化

2. 住民が施設整備の方向性を簡易に確認できるように、自治体職員が中心となってその整備の特徴や条件を図表を用いて表現した「たたき台」を複数案作成し、参加者に提示

3. 住民ワークショップの際には、自治体職員が「たたき台」作成に使った施設や財務情報をできる限り住民に提示するとともに、ワークショップ作業の検討資料としても活用

4. 「多世代」を意識した参加者を集めるとともに、年代別・立場別にグループ分けを行い、グループ作業の成果発表により年代別・立場別の意見の違いを確認

5. 住民ワークショップの成果はできるだけ早くとりまとめ「かわら版」にして配布・公開することで、参加者だけでなく広く住民・議会・自治体内への活動報告に利用

6. 自治体職員が多様な意見を整理することで、自治体が当初提示した「たたき台」の課題を修正し、修正理由や補足説明とともに公開することで、住民・議会・自治体内の理解と基本・実施設計に向けた参考資料として活用

　なお本書で解説している住民ワークショップは、合意形成を目的としていません。その理由は時間的な理由もありますが、施設整備の最終的な決定は自治体の首長の判断と責任で行われることから、住民ワークショップでは施設整備の結論を示すことはできないからです。また仮に「再整備の内容検討」段階で合意形成ができても、「整備計画の策定」段階で修正が行われる可能性が高いため、無理に合意形成を目指す必要はありません。さ

らに住民ワークショップでは、参加者として集まった住民の意見は収集することはできますが、参加していない多くの住民の意見は収集できていないことを認識する必要があります。だからといって住民ワークショップを開催する意味がない訳ではなく、今後の公共施設整備に関心を持つ参加者が建設的な意見を交わし、施設整備の方向性を検証できる有意義な「協働」作業です。

　一方で住民「協働」を実現するためには、住民ワークショップを開催する際に様々な工夫が求められます。例えば住民ワークショップの進行係は、可能であれば第三者かつ最小限の人数に絞り、ワークショップの作業に関わらない傍観者を減らすことで、会場の一体感を構築すると良いでしょう。状況を見学するため、勉強のためと自治体職員や議員が周囲を取り囲んでいる住民ワークショップも見られますが、グループ作業を行っている住民は「やらされ感」が強くなり、やる気を削がれてしまいます。まだ計画案の段階ですので、自治体職員や議員にも作業メンバーとして積極的に参加してもらいましょう。人数がある程度まとまれば、自治体職員グループや議員グループを作り、住民と同じ視点から「たたき台」を検討することもできます。

　また住民ワークショップ1回の作業時間も重要なポイントになります。公共施設整備の際に決めなければならない事項がたくさんあるため、様々な意見を聞きたいと作業内容を増やしてしまうと、作業時間が長くなります。しかし集中力が持つ時間は限られていますので、休憩を入れても2時間程度が良いでしょう。特に高齢者や年少者に参加してほしいのであれば、基本的には1回の作業では1テーマに絞り、作業時間も15〜20分程度に短く区切り、複数のステップを踏んで全体の課題をグループ作業で取りまとめると良いでしょう。複数のテーマを同時に設定すると、作業者が混乱し成果がまとまりにくくなりますし、グループ作業の時間を短く区切った方が議論に集中するため、作業の中だるみが少なくなります。

　グループ作業の成果を共有する発表の時間も重要です。基本的には住民

ワークショップの後半に、グループ作業を取りまとめた成果をグループの代表者に発表してもらいますが、1グループ3〜5分程度の発表で十分です。しかし発表者の話が長くなる可能性や、グループ数が多いと全体の発表時間は長くなるので、住民ワークショップの作業時間とバランスをとる必要があります。なお発表時間を短くし、ワークショップ全体の取りまとめを簡潔に行うためには、1回の住民ワークショップにおける各グループの成果は模造紙1枚に取りまとめてもらうとよいでしょう。また各グループ1枚にまとめた成果はそのまま「かわら版」に掲載すれば、連絡や広報を迅速に行うことも可能になります。

　そして一番重要なポイントは、「再整備の内容検討」を行う住民ワークショップは、公共施設整備を考える「きっかけ」に過ぎず、議論が足りない場合は住民ワークショップをどこかで続けるべきです。なお必ずしも自治体から住民に対して開催依頼をする必要はなく、住民が自主的に開催しても良いのです。自主的な開催を促すためにも自治体職員と住民の双方が気楽に議論できる日常的な関係が重要になります。

8　インフラも公共施設と同様に考える

　本章ではこれまで主にハコモノを対象に解説してきましたが、ハコモノ以上に自治体財政に大きな影響と負担を与えているインフラは別モノとして考えるべきでしょうか。実は専門家であるほど、ハコモノとインフラは分けて考えるべきだと考えている人が多いのですが、本当に分離して検討できるのでしょうか。例えば公共施設の利便性は、立地や環境から切り離せないことを考えても、ハコモノとインフラは整備の方向性を同様に検討し、住民とも「協働」して整備を行う必要があると思われます。この二つを切り離すと、公共施設の機能や設備と同様に、重複して非効率な整備になりがちです。またインフラの整備で住民は恩恵を受けることから、ハコモノと利用者の関係と同様に考えて良いでしょう。そこで以下にインフラ

をハコモノ同様に検討する際の作業手順を示します。

［作業手順］

1. 自治体が保有する既存施設の状態を客観的に把握するため、すべてのインフラの「基本情報」の収集と整理。可能であれば情報システムを活用し情報の一元化

2. 整備対象施設の状態を把握するために、同様の用途や機能を持つ施設の基本情報を比較分析し、その結果を分かりやすく図表で表現

3. 検討すべき「エリア」を確定し、エリア内にある対象インフラの整備内容に応じて、不足している施設情報については利用者や管理者へのヒアリングなどを実施し追加で収集・分析

4. 要望を満たすインフラ整備の実現可能性を高めるために、様々な立場や年齢の住民から声を集め、住民の日常生活の質を向上させるために必要な用途や機能を整理

5. 住民への継続的な公共サービスの提供を実現するため、財政的な負担をできる限り削減するとともに、災害などの事態にも対応可能な運用手法を検討

6. 自治体と協議を行う機会をつくり、これまで整理・調整した要望を具体的に提示するとともに、仮に実現性が低い場合はその障壁となるしくみや法規への対応を自治体との「協働」で検討

　なおこの作業手順は、インフラをハコモノと同様に検討可能であることを前提に、これまで解説してきた作業手順を統合したものですが、それほど違和感は感じられないでしょう。しかしインフラはハコモノ以上に各部局が独立していますし、その整備内容も明確に分類されています。そのため部局間や住民との「協働」は難しいように思えるかもしれませんが、視

点を少し変えれば実は難しいことではないと考えられます。

　例えば道路を「しまう」方法について考えてみましょう。道路は上下水道と同様にネットワークでつながっているため、ハコモノよりも縮小や削減が難しいと考えている人が多いのですが、連携しているからこそ一部を縮小や削減しても全体に与える影響は少ないと考えられます。ただし道路を「しまう」という表現は、利用者が少ない山奥の一本道を利用停止にするようなイメージが先行して、そのエリアに住む人や災害対応のことを考えずに縮小や削減を実施することはまかりならないと怒られてしまう場合が現実には多いのです。しかしネットワークの特徴を理解していれば、本来「しまう」べき道路は山奥の一本道ではないことは明らかでしょう。対象となる道路は、道路の密度が高く冗長性が高いまちなかにある利用者が少ない道路なのです。

　では具体的にどのように道路を「しまう」ことが現実的かつ効果的でしょうか。例えば縮減対象として提案する道路が「小学校と中学校が隣接している間にある小さな道路」です。必ずしも学校に限りませんが、このような道路は基本的に通り抜けのためだけに設置されている場合が多く、「道路がないと生活に支障が出る」人は少ないと考えられます。一方で道路を校庭の一部として利用できれば、校庭が広がるだけでなく交通事故などから安全を確保することもできるようになります。そのため特に校庭が狭い都心部では有効な手法だと思います。なお本来は用途変更（廃止）が望ましいのですが、完全に道路を無くすことができない場合は、歩道専用もしくは一時的に通行止めにするだけでも使い方は広がります。また近年では、札幌駅前通歩道に食事・購買施設等を整備した「すわろうテラス」や、商業ビルの間の道路を廃道し敷地として有効活用した富山県富山市のグランドプラザなどの事例が少しずつ増えていますが、これらの事例もインフラを「しまう」方法として見なしても良いでしょう。

9 再整備の概念をリデザインする

　一般的な公共施設の再整備のリデザインに対するイメージは、従来施設の用途や機能の充実ではないかと思われます。しかし人口が減少傾向にある今日、将来的に利用する人が少なくなることが判明しているのに、公共施設の用途や機能を充実することだけが、果たして正しいのでしょうか。地域資源の有効活用のためにも、従来の概念とは逆に用途や機能を減らす手法も再整備の際に検討する必要があると思われます。ここでは従来のハコモノやインフラの再整備の概念を「リデザイン」する一つの方法として、ハコモノとインフラを一体的に従来の姿に戻す整備手法の概念について解説します。

　区画整理や再開発を含め従来の公共整備の大半は、当初は森林や雑木林だった敷地が民間開発により田畑などに変わり、人口が増え始めると一部の敷地を地権者から自治体が取得し道路や上下水道そして造成などのインフラ整備が進み、その上にハコモノが整備されることで都市化が促進されました。つまり都市化を単純化すると、「森林・雑木林→民間開発→インフラ→ハコモノ」という流れで説明できると思います。しかし今後さらに人口減少が進むのであれば、「ハコモノ→インフラ→民間開発→森林・雑木林」と、既存のインフラやハコモノを森林・雑木林に戻す取り組みによる公共サービスの質の向上を目指しても良いのではないでしょうか。この従来の公共施設の整備手法とは逆転（Reverse）させることで、新しい自治体の姿を再生（Rebirth）させる整備手法を「リバースデザイン」と名付けました。

　例えば使われなくなったハコモノは取り壊して公園にすることで、総量削減を実現するとともに、誰もが使えるインフラとして再利用する再整備、有効活用されていない公園はできる限り民間利用を促すことで総量削減を実現しながら敷地の有効活用を促す再整備、さらに民間企業も必要ない敷地やインフラであれば積極的に森林や雑木林に戻すために植林を行う

都市の再整備ができないか、現在検討を始めています。前述した「すわろうテラス」や浜松駅北口地区の廃道の事例なども、民間企業によるインフラの活用という視点から見れば、インフラを民間開発に戻す「リバースデザイン」の事例と呼べますし、人口が少ない地域の下水管を浄化槽に戻すなどの手法も「リバースデザイン」です。このように本当はハコモノだけでなくインフラも総量削減は可能なのです。

　なお「リバースデザイン」は単なる原状復帰が目的ではありません。リバースデザインの実施を通じて自治体は、ハコモノとインフラをバランスよく縮減させることで、財政の健全化を図りつつ、「多世代」の「協働」によるコンパクトで質の高い公共サービスを享受できる自治体へと生まれ変わらせることを目的としています。従来の都市部のインフラが適切に管理された森林や雑木林に変えることができれば、まちなかに緑が増え住環境は良くなり、周辺の敷地は付加価値が高い地域へと生まれ変わるでしょう。また限られた地域資源の中で、全国的かつ長期的な視点から見ても今後発展性が高い「林業」を、新しい都市の整備手法として有効活用するべきでしょう。

　日本は国土の3分の2を占める森林を保有しながら、外国から輸入した外材に押され、国産材の活用は林業関係者の思うようにいかない状況にあります。しかし、量・質ともに地方資源としての潜在的な可能性は高く、何か打開策があれば公共施設同様に全国的な活動に展開できると考えられます。さらに樹木の主用途は建築部材、つまり建築材料としての活用が鍵を握ること、また森林は治水や自然環境の面から見ればインフラでもあります。そのため公共資産（ハコモノ＋インフラ）との親和性は高く、「リバースデザイン」に最適な地域資源だと考えられます。

　なお戦後の林業は公共資産と同様に、これまで活性化を促す具体的な手法がなかなか見つからず、根本的な解決策を模索している状況です。例えば『里山資本主義 日本経済は「安心の原理」で動く』（藻谷浩介・NHK広島取材班著、角川書店、2013年）でも紹介されたバイオマスの技術と消

図3　リバースデザインの整備概念

費をうまく組み合わせた岡山県真庭市など、地産地消がうまく実現している地域もありますが、林業の地産地消は残念ながら多くの自治体で現実的には難しいと考えられます。なぜなら木材消費の大半を占める建物は、一度建設すると数十年間使い続けることになるため、小さな自治体では継続的な消費が難しいからです。一方で大消費地を相手にすると、供給量が不足する可能性が考えられます。つまり需要と供給のバランスが取れている自治体であることが地産地消の前提となることから、全国の自治体で展開するには条件が限られています。

　また現在の林業の形態では、急斜面から切り出す手間と費用、さらに国内の運送費が高いことが外材と価格面で勝負できない大きな理由の一つだと考えられます。そのため利便性が高いまちなかが木材の生産地になれば、少なくとも流通の問題は解決するでしょう。そうなれば市場は日本国内だけではなく、海外への展開も可能になります。もちろん費用や土壌の品質も含め様々な課題が考えられますが、時間をかけて障壁となる課題を一つ一つ潰していけば不可能ではないでしょう。また数十年後の日本の整備に活用できる資源を、既存の公共施設やインフラを再利用してまちで育てるという視点から見ても、林業は最も面白く期待できる産業だと考えられます。

今後人口減少が加速する状況を止められない限り、すべての自治体が従来の経済規模を持続させることは現実的に困難です。一方で林業を主要産業としている地域や、林業以外の産業活性化が難しい地域であれば、森林や雑木林にまで戻す「リバースデザイン」を検討する価値はあるでしょう。住民がまちなかに森を育てるところから参加する新しいまちづくりも楽しそうではないでしょうか。

5章　ハコモノ・インフラのしまいかた

　5章では、これまで解説してきた視点から、公共資産を「しまう」整備が実現した事例、もしくは実現に向けた取り組みを行っている自治体の事例を六つご紹介します。これら6事例は、ハコモノとインフラ、さらに大きく時間軸（「準備」⇔「実現」）と手法軸（「活用」⇔「削減」）で整理した際に、できる限り重ならないように選定しました（図1）。なお準備段階の事例は、現時点で実現するかどうかはわかりませんので、その点はご了承ください。しかし試してみなければ、新しいことは実現しません。まずは第一歩を踏み込むことが重要なのです。

　改めて各事例の特徴を整理して配置すると、インフラもハコモノと同様に「しまう」ことが可能のように見えますが…はたして現実はどうなのか、各事例を確認してみましょう。

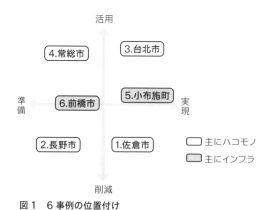

図1　6事例の位置付け

1 学校プールを廃止し、水泳授業を民間のスイミングスクールに
委託─佐倉市［ハコモノ削減型］　　　　　　　池澤龍三

　千葉県佐倉市においては、既存の一部の学校プールを廃止する一方
（ハード面）、水泳授業自体を民間のスイミングスクールに委託すること
により（ソフト面）、ハード面を無くしても、決してソフト面は無くならな
いことを実践しています。このようなことが、地方自治体の中で、いった
いどのようにして成り立って行ったのか、以下にみていきたいと思います。

ことの始まり（3.11 がもたらした逼迫した状況）

　佐倉市の学校における水泳授業を民間スイミングスクールに委託するに
至った直接の原因は、2011（平成 23）年 3 月 11 日に発生した東日本大震
災にありました。東北各県のみならず関東圏内の各自治体も甚大な被害を
受ける結果となった本地震の影響は凄まじく、ライフラインの一つでもあ
る電気の供給については計画停電を実施せざるを得ない状況を佐倉市も迎
えていました。

　当時政府からは電気使用量のピーク時カット 25 ％が示され、最終的に
は 15 ％に落ち着きましたが、いずれにしても官民を問わず各施設におい
て節電は四の五の言っていられないほど逼迫した状態を迎えていました。

　佐倉市においても資産管理経営室のメンバーが中心となり計画が練ら
れ、全庁の施設において節電が実施されました。メンバーは数班に分か
れ、毎日毎日実直に各施設（現場）を回り、必要最低限まで照明器具の電
球を外し、パソコン等の待機電力を減らし、挙句の果てには庁内にあるす
べての冷蔵庫の配置・個数・消費電力までを調べ上げ、不要不急の冷蔵庫
を使用しないよう再配置（配備）計画を策定し実行したのです。この結
果、年間で約 3000 万円を超える節電を達成するに至りました。

客観的なデータの分析と暫定対応

　この節電計画の中においては、学校も例外ではありませんでした。ただし、そもそも学校施設においては大規模な設備機器は有していないため、15％の節電は当初無理であると考えられていました。

　そこで重要となるのが、データベースです。データは嘘をつきません。佐倉市においては、全庁的に保全情報システムが導入されており、過去の光熱水費がデータベース化されています。このデータベースを改めて分析したところ、学校施設においては4月を1.0とした時に、6月〜8月の児童生徒があまりいない時期の方が1.3〜1.5になることが分かりました。最初は非常に不思議でしたが、教育委員会の学校体育主事に確認し、謎はすぐに解けました。原因は水泳授業にあったのです。水泳授業と聞いて先ず最初にピンと来るのは水道使用量（水道料金）であり、電気代にはあまり関係ないと思いがちでした。ここに落とし穴があったのです。プールの水を浄化するためには大きな循環ろ過ポンプ機が必要となり、この機械が消費するエネルギーが莫大だったのです。そこで実際にどれだけの電気エネルギーが使われているかを調べたところ（電力計をプール機械室の分電盤に取り付け、24時間の実測を行っています）、なんと学校全体の1ヶ月使用量の約16％にも匹敵すると判明しました。ちなみに、ここまで実測にこだわったのは、公共施設マネジメントの基本はデータで示すことであり、相手方との協議になった際に、客観的なデータに基づき説明ができるかがカギだと分かっていたからです。とかく自治体の組織の中にあっては、感情論のもつれが議論の進展を妨げているケースが散見されているように思います。

　この結果から、教育委員会と資産管理経営室（公共施設マネジメント担当課）連名で市内の全学校に急遽通知を出し、プール指導期間を1週間程度短縮することをお願いしたのです。簡単な話のようですが、学校現場にとっては授業カリキュラムの変更を行うこととなり、大変なご苦労とご迷惑をお掛けすることになったものと思います。

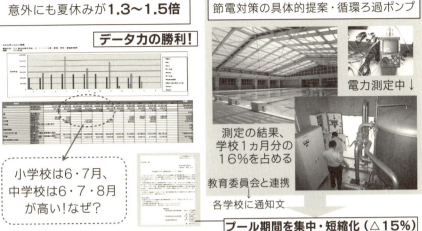

図2 データを活用して6～8月の光熱水費が高いことを発見

ただし、こうして何とか震災直後の節電対策は乗り切ったものの、抜本的な解決策にはなっていないのは明らかです。地方自治体の中ではよく「持続可能な自治体経営」という言葉が使われますが、まさにこのプール期間を短くするだけの暫定的な対策では持続可能性に欠けるのです。

抜本的な解決策への模索（財務・品質・供給からの検討）

そこで、公共施設マネジメントの原点に立ち返って整理することとしたのです。すなわち、財務・品質・供給の3視点から学校プール施設というものを改めて考え直してみたのです。

具体的には、市内にある34校の学校プールの老朽化について、築年数や教育委員会に寄せられている各学校からの苦情・要望、あるいはこれまでのプールに掛かる修繕費等を確認し、客観的・現実的な品質の整理をしたのです。なお、この時も先の保全情報システムのデータが非常に役に立っています。結果、ほとんどの施設が築30年を超えた状態にあり、老朽化が進んでいることが明らかになりました。このように、老朽化を感情

論で整理するのではなく、あくまでも冷静に客観的なデータをもって整理することは大変重要です。

　次は、これらのデータを基にライフサイクルコスト（LCC）をはじくことでした。具体的には今後30年間これまでと同程度の修繕や必要な最低限の大規模改修工事を実施した場合に掛かる総費用のシミュレーションを行ったのです。このライフサイクルコストをおおまかでも把握することで、現実的な財政面での充当可能性を確認することができます。この計算にはやはり営繕部局の職員の支援があるとより精度も上がり、非常に心強いものとなります。ただし、技術系職員がいない自治体にあっても、民間企業に見積を依頼することや、他市の事例等を参考に、大まかな改修単価を用いることによってはじくことは可能と考えられます。

　また、このライフサイクルコストのシミュレーションと同時に作業したのが、民間施設との差を確認することです。すなわち、仮に民間のスイミングスクールの施設を借り、専門のインストラクターに指導をお願いし、学校からスイミングスクールまでの往復のバス輸送を行った場合の総コストとの比較です。

　このコストをはじく狙いとしては、官と民でどれだけのコスト差があるかを客観的に確認することと、提供しているサービスにどのような差があるのかを知るためです。特にサービス面での差は、以下に記す供給面での検討に活かすためのものでした。

　その供給面での検討とは何か。それは先ずは、佐倉市においては、1校に必ず1プールが設置されているという事実の確認です。どんなに小さな学校でも、あるいは近距離に他の学校があっても共同利用はされていないという事実の確認です。次に、そのプールが1年間に実際に何日使用されているかという事実の確認です。当然、児童生徒数の把握も必要です。

　次に、民間のスイミングスクールの数の把握です。もちろん、民間施設の場合は、行政界は全く関係ないため、市内に限った調査ではなく、実質的に市内の学校からバスで常識的に通うことが可能と思われる施設すべて

比較条件

（対象）
・市内すべての小中学校
（LCC検討期間）
・30年間
（保全経費）
・プール築後51年目に大規模改修
・光熱水経費、経常修繕経費、臨時修繕経費、大規模改修費
（民間プール委託経費）
・プールカリキュラムは　4回/年・一人
・プール耐用年数以降に委託開始（できるだけ耐用年数は利用する）
・児童生徒移動経費（バス輸送等）含む

段階的にシフトチェンジ

	現状のまま使い続けると		民間プールを活用すると		差額
小学校	20.9（億円）	−	14.9（億円）	=	▲6.0（億円）
中学校	9.7（億円）	−	6.8（億円）	=	▲2.9（億円）
合計	30.6（億円）	−	21.7（億円）	=	▲8.9（億円）

図3　現状のまま使い続けた場合と民間プールを活用した場合のLCC比較

について行ったのです。（考えてみれば、自治体内部で検討する場合には、決して行政界を超える発想はありませんが、民間委託なら簡単に行政界を超えられるというのは、おかしな話です）

　これら財務、品質、供給の視点から最低限のデータを把握し検討した結果、このままの状態を続けた場合、老朽化はますます進行し児童生徒の安全な学習環境を確保するという根本的な品質確保が困難になる可能性があること、またコスト的にはこのままプールを持ち続けた場合、大規模な予算措置が必要となり、民間スイミングスクールに委託するよりかえって財務的に高いものとなる可能性があること、さらには市内及び周辺地区には民間スイミングスクールという施設が比較的多く存在し、住民には広く供給されているという状況の把握ができたのです。

サービスの中身（機能）の検討

　ただし、上記のことはいわゆるハード面での検討にしか過ぎません。水

泳授業はあくまでも教育の一環であり、水泳指導なのです。すなわち、仮に民間スミングスクールに委託するとしても、ソフト面としての教育的効果を検討する必要が絶対にあるのです。機能の検討です。

そこで教育委員会の指導主事の先生方を中心に意見を求めました。様々な意見が出され、一見デメリットばかりが耳に入って来る打ち合わせのようにも感じられますが、一つ一つ冷静に文字に置き換えて行ってみると、案外メリットの方が多くデメリットは少ないことが分かって来ます。例えば、主なメリット、デメリットを整理すると以下のようなものでした。

メリット

・専門的指導者による効果的な指導
・泳力レベルごとの指導者配置（段階別指導の徹底）
・教職員による監視状態の確保、高い安全管理が可能
・水温が一定、児童生徒の体調管理が可能
・水質が一定（塩素濃度）、高い衛生管理が可能
・自然の天候（外気温、水温、光化学スモッグの有無等）に左右されない安定した授業の実施
・騒音の心配がない（住宅地などでは、児童生徒の歓声は時として苦情として扱われる場合もあります）
・プライバシーの保護（屋外プールの場合、外部からののぞき見等が心配されます）
・教職員によるプール施設の維持管理業務への負担軽減（本来業務に集中できる）
・プール跡地の有効利用が図れる（プール面積の校地に占める割合は高い）

メリット	大
◆専門指導者による効果的指導 ◆レベルごとの指導者配置 ◆併せて、教職員による監視も確保・高い安全管理 ◆水温が一定・児童生徒の体調維持 ◆水質が一定（塩素濃度）・高い衛生管理 ◆天候に左右されない・安定したカリキュラム（天候・光化学スモッグ・温度） ◆騒音の心配がない（住宅地などでは）・児童生徒の歓声→苦情 ◆プライバシーの保護・外部からの目 ◆学校職員によるプール維持管理、安全管理不要（本来業務に集中） ◆プール跡地の有効利用（第2グランドや校舎改築時の仮設ヤード等）	

デメリット	小
◆児童生徒の移動を要する（バスによる移動は可能） ◆夏休みの利用（一般開放含む）ができない ◆消防、災害時水利の問題（別途確保：防火水槽等を確保するなど） ◆中学校の部活利用が難しくなる	

図4 民間プールを活用した場合のメリット・デメリット

デメリット

- 児童生徒の移動を要する（バスによる移動は可能ではあるが）
- 夏休みの利用（一般開放含む）ができない
- 消防、災害時水利に課題がある（別途防火水槽や防災井戸等の設置による代替機能は可能ではあるが）
- 中学校の部活利用が難しくなる（別途施設を借りることによる代替機能は可能ではあるが）

立ちはだかる前例踏襲の壁

このソフト面からの検討も行った結果、水泳授業を民間スイミングスクールに委託するという行為は、児童生徒の泳力を向上させるという本質的な教育効果を決して否定するものではないということは理解されました。

しかし、お役所というところはなかなか難しいところがあり、「○○し

なければならない。○○することも可能である」と、明確に事務文書に書かれていなければ、あえて新しいことに挑戦するという風土は持ち得ていないのが通常です。

　もし前例にないことをやって、少しでも苦情を受けるようなことが発生すれば、いろいろな意味で減点対象となってしまうことを心配するのです。

複眼的思考からの発想の転換

　こうして、ソフト面及びハード面の双方から検討し、市民にとって十分な利があったとしても、その利のある方向に向かって庁内の全体意思が動き出すかと言えば、残念ながらそれも簡単にはいかないのです。

　そこでこの場合、どうやって動かしていったかですが、それは、一見関係ないように見える他の庁内の動き（事業）と連携させたところにポイントがありました。

　ちょうどこの頃、庁内では営繕部局が教育委員会からの依頼を受け、学校の耐震改修工事が最盛期を迎えていました。とにかく2015（平成27）年度末までに耐震改修工事を終わらせなければならず、営繕部局も教育委員会も必死の状況でした。

　そうした中、二つの小学校で問題が発生しました。

　その一つの小学校では、狭い敷地の中にある校舎のほぼすべての棟の耐震改修工事を実施しなければならず、施工計画を練るにあたり、工事ヤードが十分確保できないばかりでなく、そもそも児童の安全通路の確保さえままならない状況に陥っていたのです。

　また、もう一つの小学校においては、耐震対策のため体育館（屋内運動場）を建て替えなくてはならず、やはり学校敷地が狭いため、現在の体育館の位置に建て替える以外に方法はなくなり、その結果、工事に係る約1年半もの間、児童は体育館を使用することができなくなってしまう計画となってしまったのです。ところが、その小学校は市内でも1、2番のマン

モス校であったため、1年半にも渡って屋内運動ができないなどということは学校授業そのものができないに等しかったのです。学校と協議を重ねましたが、現場では中々理解は得られませんでした。

　そこで、これらの問題の解決策として、資産管理経営室（営繕部局も包含しています）としては、教育委員会に対し、既存プールを解体し、その空いた大きな土地を有効活用することを提案しました。

　具体的には、最初の小学校においては、その土地を活用して工事ヤードを設置し、工事中の児童の安全確保を行うという提案でした。工事完了後は児童のオープンスペースとして、あるいはもともと狭小な校地であったことからしても十分な来校者用の駐車スペースが少なく危険であったことから、そうしたスペースとして活用する提案です。

　またもう一つの小学校においては、そのプールを解体した土地に体育館を建て替え、工事終了後は既存の体育館を解体し、児童の第2グランドとして活用する提案をしたのです。

　もちろん、この両提案の事業スキームを成立させるためには、現在のプールを解体したあとの水泳授業の代替方策の提案が必要となります。そこで行ったのが前述した民間スミングスクールへのアウトソースの提案です。

　この一見関係ない体育館の耐震対策と民間スイミングスクールへのアウトソースという二つの対策を組み合わせることにより、打開を図ったのです。

　つまり、児童生徒の安全確保のために喫緊に対応しなければならない耐震改修工事や建替え工事を実施する一方、プール授業における児童生徒の泳力をより向上させるための民間スイミングスクールへのアウトソースを、同時並行的に組み合わせて実施する事業を提案したのです。

庁内オーソライズ過程からの突破口

　ここまで計画論として描けたとしても、事業化に向けては、現実的には

次に全庁的なオーソライズが必要となります。具体的には個々の地方公共団体によって差異があると思いますが、一般的には大きな案件になればなるほど総合計画に基づく実施計画への事前の位置づけや、庁内の最高意思決定機関である政策調整会議等への付議等を行う必要が出て来ます。実際、ここでの事例の場合も急遽の展開であったため、民間のスミングスクールへのアウトソースに関する事前の実施計画への位置づけはなく、庁内的なオーソライズもされていない状況でした。

　一般的に公共施設マネジメント全般について言えることですが、これだけ社会経済情勢の変化が激しい時に、すべてを事前に予知し計画を立てておくことは現実的には不可能と言えます。かと言って、目の前のグッドタイミングをあえて見逃し、前例踏襲で事業を進めることは、最小の経費で最大の効果を上げようとする地方自治法の精神に背く行為でもあります。

　こうした現実的なジレンマの中、資産管理経営室が相談したのが企画政策部局でした。そこでの指摘は非常に明確でした。上記の計画を進めるに当たっての最大のネックは、「たまたまタイミング良く実施できる今回提案の2校は良いとしても、他の学校（32校）についての全体計画はどうするのか」ということでした。

　つまり、個別具体の案件についての合理的な説明は果たせたとしても、総論として市内34校すべてのプールの再配置計画を作らなければならなくなるという、ある意味非実現的な要求への心配でした。34校全体計画を作成するということは、毎年1校ずつ整備を行ったと仮定したとしても、今後34年間にわたる計画を作成するということを示します。これは時間的にも予算計画上も不可能に近いと言えます。

　しかし、この時の企画政策部局は決して悲観的ではありませんでした。こちらがあきらめかけていたところに企画政策部局からあるサジェスチョンがされました。それは、建築面（ハード面）からのプールの再配置計画論ではなく、プール授業のあり方論、すなわち、教職員による学校プール施設のみを使用した水泳授業体系を、その他の方法、例えば専門スタッフ

による学校以外のプール施設を活用した水泳授業もあり得るという考え方に変えてみてはどうかというものでした。まさに前述したメリット、デメリットの検討のロジックに近いものでした。この発想の転換によって大きく物事は動いたのです。まさに突破口が開けたのです。

教育委員会の協力

次のステップとして、このようにして進み始めたストーリーを、具体的にどのような事務執行の中に落とし込むかが大変大きな課題となります。露骨な言い方をすれば、誰も進んで新たな挑戦に対する起案文書を書きたくないのが本音です。それは前述した減点評価が行政組織の根本にあるからです。

しかし、ここでの事例では、耐震改修工事や建替え工事という児童生徒の命に関わる事業を強力に推進する必要性について、内部協議を重ねていた教育委員会から積極的な協力が得られたことが非常に大きな結果を生むこととなりました。

教育委員会が学校水泳授業のあり方に関する決裁文書を起こし、民間スイミングスクールへのアウトソースを可能とするしくみを作り上げてくれたのです。

なお、ハード面での整理であるライフサイクルコストの比較分析についてはその起案文書の参考資料として添付されています。

こうして考えると、行政上の事務手続きにおいて、公共施設マネジメントは、資産管理経営系の部署だけが起案して実行するのではなく、逆に多くの主管課の部署が主役となって動いていくことの方が、持続可能性においては効果的であることがわかる大きな事例であったと感じています。

保護者への説明責任

この経緯の最後に忘れてはならい事柄として、保護者への説明責任があります。もちろん、保護者への説明に先立って各学校長への説明及び理解

を得ることは当然です。

　現代社会においては、住民との接点を持たないで計画を推し進めることはできません。今回取り上げた2校についても、それぞれ保護者に対し説明会を実施しています。今後サービスが具体的にどう変わるのか、行政としてなぜこのような提案を行うに至ったのか、解決策として案を複数提示し、それぞれの案のコスト比較を含めたメリット、デメリットの説明を行い、アンケート調査を実施しています。そのアンケート調査の結果、約75％の保護者の合意を得た上で実施に移っています。

　ここで最も大事なことは、耐震改修工事や建替え工事を行わなくてはならないから、あるいはプールが老朽化していて、それを建て替えるお金がないから既存のプールを解体し、その代替措置として仕方なくプール授業を民間スイミングスクールに委託するというロジックで保護者に説明するのではなく、耐震改修工事や建替え工事のために既存のプールを解体してその土地を活用するとしても、それとは別の次元として保護者が最も知りたいであろう今後水泳授業において泳力を向上させる方法として具体的にどのようにサービス形態を変えるのかをしっかり説明し、その根拠として老朽化やライフサイクルコストの算出等について説明を加えるという説明を行ったことが重要です。

　ネガティブな状況を打破するために児童生徒に犠牲を負わせるのではなく、児童生徒の将来のために具体的にどのようにサービスの中身をポジティブに変えていくのかを、最初に説明することが肝要です。そのあとで、そこに至った様々な現在の厳しい状況について説明するのです。

　説明会において同じ情報量を伝えたとしても、話す順番を間違えると説明を受ける側は疑心暗鬼となってしまい、かえって問題を複雑化してしまう傾向にあります。伝えたいのはハコモノのあり方ではなく、サービス提供（機能）のあり方のはずです。

図5　保護者には泳力の改善というポジティブな面を伝える

ポジティブに、そして新たな視点からストーリーを描く

　以上が、学校水泳授業を民間スイミングスクールに委託するに至った主な経緯です。このようにすべては最初にシナリオがあって、その通りにものごとが進んでいったわけではありません。走りながら考え、懸案を一つ一つ解決し、解決してはまた次の課題が降りかかってくるといったことの繰り返しです。

　ただ考えてみれば、公共施設マネジメントの実行においては、個々の案件が独立して成り立っていくものではなく、お互いの事業が関係しあいながら進んでいくものなのかもしれません。ただし、そこには行政としてのしっかりとしたストーリー、より良い行政サービスの提供という変わらぬ視点があるのだと思います。この息の長い活動だからこそ、公共施設マネジメントにはポジティブさが必要なのです。

　前述した、教育委員会の指導主事の先生方と行った、民間スイミングスクールへのアウトソースに関するメリット、デメリットの洗い出し項目に

ついても、あらためて確認すると、それはある意味、現代社会で言われている「働き方改革」にもつながるものと言えます。

　例えば、メリット項目における

・教職員によるプール施設の維持管理業務への負担軽減

・専門的指導者による効果的な指導

・教職員による監視状態の確保、高い安全管理が可能

などの項目については、見方を変えれば、これまで教職員がすべてを抱えていた多くの業務を、適切な担い手に役割分担をしつつも適正な行政サービスを提供し続けることを可能とする「働き方改革」へとつながっていることを表しています。

　このように考えれば、総人口の減少、少子高齢化社会の到来を見越した社会システム変革の切り口として、これまでの総量削減やコンパクト化という視点だけではなく、働き方改革といった新たな視点を組み入れていくことが、これからの公共施設マネジメントにおける「終いかた」の一つになるのかもしれません。

　ポジティブに、そして新たな視点から公共施設マネジメントのストーリーを描いていくことこそ、持続可能な取組みにつながると信じています。

2 過疎地の行政と住民が協力して公共施設を集約—長野市 ［ハコモノ削減型］

堤 洋樹

　長野市では2019（令和元）年度までに、長野市全32地区において公共施設の再編に関する住民ワークショップを行う計画を進めています。その中から、山間部にある芋井地区で行った長野市最初の住民ワークショップをご紹介します。長野市は人口約38万人の中核市ではありますが、中心部以外は過疎化・高齢化が進む典型的な山間部地域に囲まれています。そのため芋井地区の事例は、人口規模が小さな地方都市でも参考になると思われます。まだ整備計画案の検討段階のため、今後長野市がどのように施設整備を行うのか未確定ですが、立地的な条件が厳しい地区で、どのように整備計画案を策定し、そして取りまとめられたのか、参考になれば幸いです。なおワークショップ当日用いた資料などはすべて長野市のウェブサイトに掲載されています[1]ので、ここでは一般には公開されていない事前調整を中心にご報告したいと思います。

ことの始まり

　2015（平成27）年秋に日本管財株式会社から、「長野市の公共施設等総合管理計画を策定する作業の一つとして、公共施設に関するワークショップを開催したいので、前橋工科大学堤研究室（以後「堤研究室」）に協力してほしい」と依頼がありました。すでに2015（平成27）年10月、11月に会津若松市の行仁地区で、小学生を中心とした住民ワークショップ[2]を開催し手ごたえを実感していたことから、堤研究室と長野経済研究所と共同で住民ワークショップの進行を担当することになりました。その後、複数候補の中から開催地域を検討した結果、今後の公共施設再編に対して最も共感していただいた住民自治協議会（各地区の住民が主体となった自治組織、以後「協議会」）がある芋井地区を長野市最初のモデル地区として選び、2016（平成28）年の春に住民ワークショップを開催する準備を行い

ました。

　なお1996（平成8）年に竣工した立派な木造校舎の芋井小学校第一分校（以後「分校」）は、2007（平成19）年に休校になり、現在あまり利用されていません。2012（平成24）年に閉校した芋井中学校は、2011（平成23）年の長野県北部地震の際に天井が崩落するなどの被害を受けましたが、2019（令和元）年6月現在もそのままの状態で立ち入り禁止が続いています。自治協議会などの拠点である芋井支所は、耐震性が確保されていません。ほかにも体育館や公民館など数多くの施設が芋井地区には建設されていますが、老朽化だけでなく土砂災害警戒区域にある施設が多いこと、しかも広範囲に分散している状態であることなどの理由から、早急な再整備が求められていました。

住民ワークショップ開催準備

　2016（平成28）年春に入ると、夏までに住民ワークショップを開催するため、協議会との打ち合わせと公共施設の視察を数回行いました。なお当時の会長は元市職員だったこともあり、既に協議会を取りまとめて様々な提案を長野市に行われていました。また最初の打ち合わせでも、各施設の課題を把握し具体的な再整備案をお持ちでした。

　そこで住民ワークショップの実施要項について、堤研究室からいくつかの提案を行いました。

・開催趣旨について：再配置に対する市民の合意形成のためではなく、市民の意見を組み入れた再整備案の策定のために実施したい

・検討内容について：安全管理、長寿命化、複合化などといった公共施設の具体的な整備内容（ハード）の検討ではなく、地区全体の再整備案を検討する中で、芋井地区に今後どのような公共サービス（ソフト）が必要なのか再確認する機会にしたい

・グループの構成について：ワークショップでは、できる限り若い年代（小学生からOK）の参加をお願いするとともに、一般的なグループ内

で年代を混合するのではなく、年代別グループでの作業・発表により年代別の意見を確認したい

・再整備案の作成について：ゼロから地域全体の整備案を検討するのはハードルが高すぎて時間がかかるため、事前に提示した複数の再整備案を基にグループ作業を行いたい

　また長野市から頂いた施設情報や視察の結果を参考に、まずは再整備の方向性を可視化して確認するために、堤研究室で再整備案を検討した後、協議会の再整備案と比較するA3用紙1枚の資料（以後「たたき台」）作成から始めることになりました。その最初のたたき台（基本構想案0215）が図6です。

　図6の「分校活用案」が堤研究室からの提案、「中学活用案」が協議会の提案を基に堤研究室で施設総量を調整した提案となります。2案の大きな違いは、分校の活用と中学校の再利用の視点ですが、当初の「中学活用案」では分校と支所の活用が前提となっていましたので、長野市の施設削減目標である20％に合わせて調整しました。このように2案を可視化して比較することで、言葉だけでは説明が難しい個々の施設の使い方やメリット・デメリットを共有することが可能となり、改善もしくは検討するべき点が明確になります。さらに重要なのが、「中学校活用案」のキャッチコピー「欲しい空間は自分で確保する　『自給』で作ろう私の『ひみつきち』」とその内容です。検討の中で「分校を現状以上に上手く活用することが難しく、もったいないのですが現状の使い方であれば取り壊した方が良い」という意見も出ました。しかし分校を取り壊してしまうと、分校敷地周辺には全く公共施設がない状態となり、集会や災害時の避難などが難しくなってしまいます。そこで必要もしくは欲しい空間を自分でつくるために集まってきた人に対する管理や宿泊の施設として分校を再活用することで、芋井地区の外部からも人やお金を呼び寄せられる使い方の提案を行いました。

　この図6をもとに再度打ち合わせを行ったところ、協議会から「もう

現状

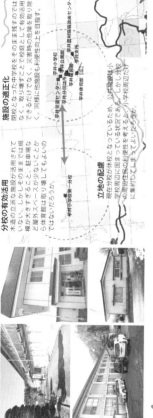

いもい 公共施設の現状
豊かな自然も有効に活用されている芋井地区。
立派な施設も多いけれど、あまり自由に使えない。
できれば大勢で集まって楽しく使えればいいのに。
将来に繋がる施設整備が求められている。

対策施設面積：18,926㎡

現状の問題点と留意点
※長野市全体で施設総量が多く、地区毎に20%程度の総量削減が求められている芋井地区。
※施設によっては そのまま使うもしくは改修等が必要な施設があるが、最低限の費用にするよう要があり
※イニシャルコストだけでなくランニングコストの削減も考慮し追加のサービスを検討する必要あり

[コスト概算]
イニシャル(改修+解体) : 約0.00億円
ランニング : 約0.46億円
ライフサイクル(60年) : 約93億円

分校の有効活用
本校の立派校舎が活用されていない。しかし校舎をそのまま使うには維持費が大きすぎること、駐車場などを屋外スペースがないことから除き、体育館は取り壊してもらう同時に周辺に利便性を出さえば、災害時の危険性を出さないようにする。地域の危険性を目指すことではないだろうか。

施設の適正化
閉校となった中学校をそのまま主幹とし、なく、しかし校舎をそのまま使うには有効活用できるために、災害時の危険性を取り除くとともに周辺に利便性を出さすことを目指す。

立地の配置
5年後を目途に……

公共施設再編の方向性
やりたいことをするために施設を集約!

使ってない施設は取り壊し、機能を集約する。芋井周辺に固定している状況を変えた。しかし校舎の利便性を自分で確保することは楽しい。

[中学活用案]

対象施設面積：14,741㎡ 削減率：約22%

中学校を有効活用し福祉施設充実を中心に整備

【メリット】
・かかわり広場の充実(老人福祉施設)
・駐車場の充実
・中高施設の活用
・分校周辺にコストによる利便性

【デメリット】
・外部から人を呼び込めない
・福祉関連費用が高い
・駐車場が多すぎる
・分校周辺に施設ができない
・分校周辺に施設なし

[コスト概算]
イニシャル(改修+解体) : 約0.83億円
ランニング : 約0.46億円+福祉関連
ライフサイクル(60年) : 約87億円(約6%削減)

欲しい空間は自分で確保する「自給」で作ろう私の「ひみつきち」

「ひみつきち」を作りたい
…欲しいのは施設ではなくサービス

日曜大工、イベント、合宿、天体観測…
やりたいことは沢山あるけれど今の施設では難しい。
だったら施設よりも自由に使えるスペースが欲しい。
例えば自分たちだけの「ひみつきち」を作ったら…

[分校活用案]

対象施設面積：14,870㎡ 削減率：約21%

分校を有効活用し人が集まる活動拠点として整備

【メリット】
・活動拠点の充実(現在よりも大)
・駐車場の充実
・分校施設の活用
・分校周辺にも施設あり

【デメリット】
・高齢者施設が少ない
・広場がない(現住まいより大)
・中高施設の活用ができない
・集約効果はややかかりにくい

[コスト概算]
イニシャル(改修+解体) : 約0.66億円
ランニング : 約0.47億円
ライフサイクル(60年) : 約88億円(約6%削減)

学校施設取り壊し後
- 遊ぶ場所が広がって嬉しい(便利)
- 危険な校舎を早目に取り壊して安全
- 校舎からの木まわりが(便利)

児童センター移設後
- 駐車場で近くに整備されていて嬉しい
- 余剰施設を活用できて嬉しい
- 機能の集積がされて安心便利

支所・住自協事務所
- (便利)

ひみつきち整備後
- 事務所が賑やかになった
- ひみつきちに毎日行きたい!

図6 芋井地区 基本構想案 0215 再整備検討資料

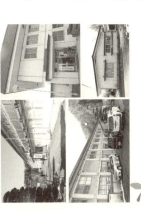

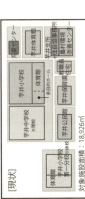

図7 芋井地区 芋井地区 基本構想案 0415 改 再整備検討資料

現在

芋井の公共施設の現状
-公共施設は有効に活用されているだろうか-

豊かな自然が魅力的な芋井地区。
立派な施設も多いけれど、あまり自由に使えない。
できれば大勢で集まって楽しく使えるスペースが欲しい…
将来に繋がる施設整備が求められている。

[現状]
対象施設面積：18,926㎡

現状の問題点/留意点
※長野市全体の施設総量が多く、20%程度の総量削減が求められている
※施設によってはそのまま使えない、もしくは改修等が必要な施設があるが、最低限の費用にする必要があり
※新たな施設整備は基本的に行わない
※イニシャルコストだけでなくランニングコストの削減も考慮した追加サービスを検討する必要あり

[コスト概算]
イニシャル(改修＋解体)：約 0.00億円
ランニング(1年)：約 1.05億円
ライフサイクル(60年)：約129億円

5年後

自給で「ひみつきち」を作りたい
-欲しいのは施設ではなく公共サービス-

BBQ、日曜大工、イベント、合宿、天体観測…
やりたいことは沢山あるけれど、今の施設では難しい。
だったら施設も自由に使えるスペースが欲しい。
例えば自分たちだけの「ひみつきち」を作れたら…

[分校活用段階]
対象施設面積：14,478㎡　※削減率：約24%

分校を有効活用し人が集まる活動拠点として整備

[メリット]
・活動拠点の充実による集客
 (ひみつきちスペース)
・駐車場の充実
・分校施設の活用
・学校周辺にも施設あり

[デメリット]
・高齢者施設が少ない
・支所や公民館が狭くなる
・バス経路の変更が必要
・中学施設は活用できない
・集約効果はややすくない

[コスト概算]
イニシャル(改修＋解体)：約 0.69億円(5年後)
ランニング(1年)：約 0.86億円
ライフサイクル(60年)：約104億円(約20%削減)

20年後

支所に賑わいを取り戻したい
-効率的な施設整備による住民が集う場を整備-

カラオケ、手芸、会合、バレー等のサークル活動…
現支所と公民館、体育館が集約されることで、多世代が集まる複合施設に大きく変わる。分校などの活動が活発になるがスポーツボールなどの活動が活発になれば…

[支所集約段階]
対象施設面積：11,878㎡　※削減率：約37%

支所更新の際に、分散した施設を集約に整備

[メリット]
・施設の集約による利便性
 (支所＋公民館＋かがやき広場)
・かがやき広場の集約
・施設更新の代替地確保
・運用コストの削減

[デメリット]
・外部から人を呼び込めない
・施設間の連携が難しい
・空地の増加
・整備までに時間がかかる

[コスト概算]
イニシャル(新築＋解体)：約 8.7億円(20年後)
ランニング(1年)：約 0.77億円
ライフサイクル(60年)：約 90億円(約31%削減)

図8　芋井地区 堤研提案 0517 再整備検討資料より

一つ再整備案を提案したい」との要望がありました。そこで再度「分校活用案」「中学校活用案」との比較を行うたたき台を作成することになりました。改良したたき台（基本構想0415改）が図7です。

　基本的に前回のたたき台の内容を見直した内容に、取り壊す施設の機能を支所に集約した「支所集約案」を追加している資料です。「支所集約案」は他案に比べても集約される施設や費用が多く、最も効率的な整備案と言えるでしょう。その一方で、支所の建て替えには多額の費用が必要となりますので、すぐに実現することは難しいと考えられます。また協議会から支所の再活用を優先したいとの要望が上がったため「中学校活用案」は取り下げ、ワークショップで提示するたたき台では「支所集約案」と「分校活用案」の2案を提示することになりました。そこで堤研究室が最終的に取りまとめ、住民ワークショップで実際に用いたたたき台（堤研提案0517）が図8です。

　この図8では、「分校活用案」と「支所集約案」を比較対象としてではなく時系列で並べています。なぜなら両案のどちらも良い再整備案であるため、どちらを選ぶかではなく、どちらも実現したいと考えたからです。そこで多大な費用が掛かる「支所集約案」は、ほぼすべての既存施設の建て替えが避けられない20年後の実施を前提にすることで、それまでの期間に「分校活用案」を実施する段階的な再整備手法を提案しました。このように、一見全く方向性が異なる二つの再整備案でも一つの時系列で取りまとめることができる可能性は、実は結構あります。そして再整備には時間がかかること、だからこそ早めに検討をすることが必要であることが、図8で明確に認識できます。もちろんこの図8にも様々な課題が残っていますし、気になる内容がたくさんあるでしょう。だからこそワークショップでその課題を明確にし、改善案を検討する必要があるのです。

ワークショップの開催と進め方
　こうして2016（平成28）年5月から7月にかけて4回、「みんなで考え

第1回 市民ワークショップ
「芋井地区の将来、こんな地域をつくりたい」をテーマにグループ討議を行いました

5月21日（土）芋井支所で「芋井地区の将来、こんな地域をつくりたい」をテーマにグループ討議を行う 市民ワークショップを開催しました。

ワークショップでは、はじめに市から、小学校を中心とした芋井地区の公共施設の現状や人口推計などについて説明し、そのあとに「地区の将来、こんな地域をつくりたい」をテーマにグループ討議を行いました。

ご参加いただいた皆さまには、熱心にご討議いただきまして、ありがとうございました。

グループ討議の様子です

なごやかな雰囲気の中、色々な意見が出されました

	開催日	内 容（予定）	会場
第2回	6月4日（土）	グループ討議テーマ「公共施設でしてほしいこと」	小学校
第3回	6月11日（土）	グループ討議テーマ「運用面からみた、将来の公共施設再配置のかたち」	第一分校
第4回	7月2日（土）	意見発表、まとめ	芋井公民館

いずれも時間は午後2時から4時までです。

ワークショップは公開です。興味をお持ちの方は、ぜひ会場にお越しください。グループ討議への飛び入り参加も大歓迎です。

【お問い合わせ先】
行政管理課　公共施設マネジメント推進室
電話：224-8402

各グループから発表された主なご意見をご紹介します

【Aグループ】人生の大先輩の皆さん
- 皆が集まれる場所や集会が減った。地域の人も外の人も関わってくれるようなイベントを開催する。住民の協働で観光の幅を広げる地域の文化性につなげる
- 飯綱など観光道路沿いの交流活性化につなげる
- 芋井地区との協働で、観光事業や観光道路の拡張など、インフラ整備を進める
- 小学校第一分校はもっといただきたい、活用方法を考える

【Bグループ】地域のリーダー世代の皆さん
- 桜の里、りんごの里についてブランド化して地区のイメージアップを図る
- 移住したくなるまちづくり。安心して子育てできる地区として、田舎暮らしの好きな人を受け入れる
- 空き家、休耕地などの遊休資産を活用する。田舎料理の店をつくる
- 飯綱高原や周辺の憩いの場所や施設が欲しい。その施設は、小学生とふれあえる場所が良い

【Cグループ】働き盛りのお父さんお母さん
- 支所周辺、影山周辺、飯綱周辺がもっと交流して協力して芋井地区にする
- みんなで集まってブランド化を図る
- 空き家家屋の整備を図る
- 今たくさんある我々が楽しいと思える地域であれば、外の人も住みたいと思える
- もっと便利にして欲しいと、不便を承知でのんびりした生活を望んでいる人が、双方満足できる地区にしたい

【Dグループ】子育て中の女性と地域おこし協力隊
- 芋井地区の自然は昔も今も大変、自然すぎて大変（野生鳥獣、草刈・除雪）
- 空き家等のこにちをつくりづらい。若者を呼びこみ、地区の若者が働けない配慮が必要
- 観光やりんごをつくるだけの雇用ではある、若者が挑戦できる職場をつくる
- 子どもの保育・教育施設は残して。小学校の中に児童館・保育園を一体にする
- 路線整備やバスシェアルバス導入を図る

【Eグループ】（信州大学工学部の学生の皆さん）
- 芋井地区の価値や魅力をつくる、高めていく。市街地に近い立地を活かしたベッドタウンも可能
- 大学生など若い人が集まる施設など、資金面の援助も有効になる
- 住民が一戸隙間に接する場所をつくる。長野一戸隙間に道の駅などをつくることがわかるのと、同世代が住みやすくなる
- 住民がみんなで集える交流アクティビティをつくる
- 自然を生かし若い世代も交流人口増を図る
- 山村、農村、自然を生かして交流人口増

終了後のアンケートでは「年代別のグループ分けがとても良かった」「もっと時間があれば良い」といった声がありました。次回も色々なご意見が聞けて参考になりました。公共施設などを使って楽しくしたい」「公共施設を有効活用する方、施設を有効活用するために、結果を生かしていただきます。

図9　第1回ワークショップのかわら版

第2回 市民ワークショップの結果をお知らせします

6月4日（土）手井小学校第一分校で、2回目の「手井地区の公共施設について考える 市民ワークショップ」を開催しました。
今回、アドバイザーとお呼びした前橋工科大学の堤洋樹准教授の進行で、第一部では公共施設をどう利用していきたいことのために公共施設をどう利用するかをテーマに、続く第二部では第一部分校を選んで、分校のどこで何が出来るかの話し合いました。全5グループが参加くださいました皆さま、ありがとうございました。

グループ討議のあとに、堤先生からのアドバイスを聞きました。

堤先生のアドバイスの一部もご紹介します

★「欲しいもの、あれば良いもの」の案ではなく、まずして「したいこと」を考えてみよう。
　例えば、図書館が欲しいと言ったら、図書館で何がしたいのかを考えてみる。図書館で本が読みたいとしても、少し考えると本は読めなくても図書館があるのでは？と気づく。図書館で本が読みたいと考えてみる。「知識を得たい、勉強したい」の場合、本が無ければ必ず勉強できないのかとも考えてみると、施設もありきではなく、サービスから見る、本当に必要な問題だとかが分かる。
★公共施設は市民が作って管理するのもみんなが管理するもの。しかし、公共施設は市民の税金で作る、管理するもの。だから、本来は市民が作ってみんなが管理するもの。それが出来ないから行政がかわりに管理することに気づくと、公共施設マネジメントは自分の問題だとわかる。
★地域全体で公共施設の活用するのか、「市民」を行政と一緒に考える場所。地域生活は良くなる。

小学生分校の中も見学しました

7月2日は最終回。各グループの意見発表会です。ぜひ会場の手井公民館にお越しください。（14:00〜）

【お問い合わせ先】
行政管理課 公共施設マネジメント推進室
電話：224-8402

各グループから発表された「公共施設でしたいこと、主な意見をご紹介します

【Aグループ】人生の大先輩の皆さん

- 世代や地域を越えた交流がしたい。いろいろな人が興味を持って参加できるイベントを開催したい
- 地域の郷土史など、勉強したい
- キノコや山菜など、地域の特産物を「探る」「売る」「調理する」ことで楽しみたい
- 昔の早起き野球大会のように、地域で盛り上がれるスポーツ大会

【Bグループ】地域のリーダー世代の皆さん

- 地域の歴史を学び、地域の人と飲み会、懇親会、食事会したい
- 趣味（囲碁、将棋、カラオケなど）をみんなで楽しんでやりたい。老人施設を設置したい
- 地域外の人との交流、子どもたち、交流の中から新しい事業を考える
- 若い人にも来てもらってコワーキングスペース（共同仕事場）をやりたい

【Cグループ】働き盛りのお父さん

- 星や虫を感じるバーベキュー、バーベキューなどアウトドア活動をしたい
- 大人が子どもと会える場所があるといい。バレーボールやボーリングなどスポーツ
- 六次産業（一次産業である農林水産、加工、販売）といった二次産業も観光などと三次産業を結びつけたい
- 料理教室、サテライトオフィス（本社から離れて勤務できる場所）

【Dグループ】子育て中の女性と地域にお住みの皆さん

- 神楽が一同に会する機会が欲しい、音楽祭
- ドラム缶風呂、芋井の湯
- りんごの品種だけの交流会
- リトアニアとの交流（一校一国運動）、バブリックビューイング
- 若者が集まる空間が欲しい、方言体験させたい

【Eグループ】信州大学工学部の学生の皆さん

- キネマ記録への挑戦
- 利き酒会、フリーマーケット、星空観察
- キャンプ、虫取り、魚とり、バードウォッチング、写真撮影
- 物々交換、文化体験、外国人に英語を習いたい
- 囲碁、将棋、陶芸
- DIY（日曜大工など）、自分でものづくりや修繕を行う、農業体験

第2回目の様子も、インターネットテレビ「愛TVながの」でもご覧いただけます。「愛TVながの」のHPへ外部リンク

終了後のアンケートでは、「分校の見学ができて話が出やすかった。講師の先生のお話が聞きやすかった。」「参加して楽しかった」という声が多く、討議内容がどの程度具体化されるのか、自治協の案をどうするかの討議したほうがよい」といった声をいただきました。具体的な「公共施設の再配置」についてグループ討議を行い、3回目のワークショップ（最終回）に結果を発表させていただきます。

図10 第2回ワークショップのかわら版

よう！　いきいき暮らせる芋井地区!!　～芋井地区における次世代に引き継ぐ公共施設のあり方を考える～」と題した芋井地区市民ワークショップが開催されました。開催の趣旨には「再配置計画の策定にあたり、計画策定前段階から市民と行政が一緒に検討するため、芋井地区住民自治協議会の協力を得ながら、地域の公共施設に関する初めての試みとして、市民参加によるワークショップを実施する。人口減少時代の中、地域の賑わいや、まちづくりにつながる集約化、多世代交流や地域間交流の促進を生み出す複合化・多機能化等を考慮した公共施設の見直しについて様々な意見を出し合い、議論の結果を整理し、公共施設再配置計画のモデル地区に位置付ける」と記述されています。なお残念ながら芋井地区からは年齢が30代以上の参加者しか集まりませんでしたので、20代の市職員や信州大学の学生にも参加していただき、総勢約30名、年代別5グループに分かれて作業を行うことになりました。

　芋井支所で開催された第1回ワークショップ（5月21日）では、長野市の状況や対象施設の確認を行った後、「芋井地区の将来、こんな地域を作りたい」と題したグループ作業で、

　　1　どのような地域にしたいか

　　2　どうやって変えていくか

　　3　変えていく取組のなかでの自分自身の役割

　　4　提案によるメリット、デメリット

の4点を中心に、「芋井地区の将来、こんな地区を作りたい等のアイディア、提案の検討」を自由に提案してもらいました。なお事前に検討したたき台は、第1回ワークショップの検討資料に入れていませんので、参加者はたたき台に縛られることなくグループ別に作業が行われました。その成果を、参加者だけでなく長野市のウェブサイトを通して市民全員に報告・周知するために簡潔に取りまとめた資料（以後「かわら版」）が図9です。

　なおグループ発表後には、参考資料としてたたき台を参加者全員に配布

し、次回までに公共施設でしたいこと（たたき台とは異なる使い方）の検討を依頼しました。またワークショップ終了後には対象施設を知らない市職員や大学生を対象に見学会を行いました。対象施設を知らないまま施設整備案を考えることはできませんし、日常的に使っている施設でも客観的な視点から見ると知らない部分が再発見できますので、見学会はできる限り開催すると良いでしょう。

次に分校で開催された第2回ワークショップ（6月4日）では、最初に前回のふりかえりを行った後、「公共施設でしたいことと施設の活用方法」と題したグループ作業を第1部、第2部に分けて行いました。

第1部では、

1　対象公共施設のどのスペースについての提案か

2　私たちになにができるか

3　現状と何が変わるか

4　提案によるメリット

の4点を中心に、再整備検討資料の内容や芋井地区公共施設の実状を踏まえつつ、分校等検討対象公共施設でしたいこと・やりたいことについて、事前に考えてきたことに加え、当日ワークショップの中で思いついたことを付箋に記入し、対象施設を模式的に示した模造紙に貼りつけてもらいました。その後グループ別に発表を行いました。

さらに第2部では、公共施設のどの部屋をどう使えばうまく使えるか等のアイデア、提案のグループ内で意見交換を行いました。その中では、出されたアイデアの中から、面白いもの・有効だと感じたものをグループで選定してもらい、グループでどんなアイデアが選ばれて実現するとどんなメリットがあるのか、グループ別に発表を行いました。第2回のかわら版が図10です。

さらに芋井公民館で開催された第3回ワークショップ（6月11日）では、第2回同様に最初に前回のふりかえりを行った後、「運用面からみた将来の公共施設再配置のかたち」と題したグループ作業を行いました。

第3回 市民ワークショップの結果をお知らせします

6月11日(土)芽井公民館で、3回目の「芽井地区の公共施設について考える市民ワークショップ」を開催しました。
今回のテーマは「運用面から見た将来の公共施設再配置のかたち」でした。
第一部で「小中学校第一分校以外の公共施設(小中学校)について話し合いました。「私たちにもできること」を話し合っていただきました。
第二部で「一部の施設を減らせるとしたら、どこが減らせるか。減らす施設でも、別の施設に移せないか」を考えていただきました。
これまでのワークショップの積み重ねを踏まえて、次回のワークショップでは、将来の公共施設(学校周辺)再配置の提案と、各グループの意見発表を行います。

芽井地区(学校周辺)の公共施設

主な公共施設	建築年(経過年)	床面積(構造)	備考
芽井支所	昭和53年(38年)	313㎡(鉄骨造)	JAから借地 耐震診断未実施
芽井農村環境改善センター	昭和53年(38年)	536㎡(鉄骨造/2階)	
芽井公民館	平成2年(26年)	636㎡(鉄骨造/2階)	
芽井保育園	昭和59年(32年)	392㎡(木造)	
芽井児童センター	昭和46年(45年)	300㎡(木造)	
芽井社会体育館	昭和62年(29年)	561㎡(鉄骨造/2階)	
旧芽井中学校・北校舎	昭和43年(48年)	828㎡(鉄筋造/2階)	閉校、耐震性なし
〃 南校舎	昭和53年(38年)	946㎡(鉄骨造/2階)	閉校
〃 体育館	昭和46年(45年)	552㎡(鉄骨造/2階)	閉校
芽井小学校・校舎	昭和59年(39年)	1,708㎡(鉄骨造/3階)	H25耐震化
〃 体育館・特別教室棟	平成3年(25年)	1,230㎡(鉄骨造/2階)	
芽井小学校第一分校・校舎	平成8年(20年)	964㎡(木造/2階)	休校
〃 体育館	昭和60年(31年)	421㎡(鉄骨造)	休校
芽井・消防分団詰所	平成2年(26年)	62㎡(木造)	床に傷み
芽井校長住宅	昭和49年(42年)	93㎡(コンクリートブロック/2階)	解体予定

いよいよ次回7月2日は最終回。各グループの意見発表会です。
ぜひ会場の芽井公民館にお越しください。

◆ 7月2日(土)14:00～16:00 芽井公民館2階集会室

【お問い合わせ先】
行政管理課 公共施設マネジメント推進室
電話:224-8402
芽井支所 電話:232-7935

グループ討議終了後のアンケートにいただいたご主な意見をご紹介します

【Aグループ】人生の大変の皆さん
◆ 分校、中学校など現在使われていない施設の利用方法について話し合いがほしい
◆ 話し合いつつある学校以外の施設が全体的に見えてきて気がかりです
◆ 地域全体が一面的に見るのはまえながら、分散するのも方法方法でではのか
◆ 若い人たちの発想が面白い、施設より機能の大切さがわかった

【Bグループ】地域のリーダー世代の皆さん
◆ もっと考える時間があったらよかった。施設を使う人の意識改革が重要に
◆ 前回と同じようなな内容だった。次回に期待したい
◆ アイディアが色々出され、自分の住む地域でもていくうえで参考になった
◆ 今後の再配置にあたっては、機能を考えることは重要だが、周辺立地の配慮も必要

【Cグループ】子育て中のお父さんお母さん
◆ 働き盛りのお父さんお母さん
◆ 休日の使用目的をどのような人がどのように利用するかを踏まえて、利用しやすい施設配置が必要
◆ 個人的に考える考えることは難しいかも、地域に対する思いち等こめっていった思いった
◆ 他の施設でできることは一面的に集約することは望ましいが、この中間地で安全な場所は
◆ 回を重ねることに具体的な案がたくさん出てきてよかった

【Dグループ】子育て中の女性たち地域おこし協力隊
◆ 他のチームの意見も聞いて、建物のことでも、反面まだ現実的に考えられていないと感じ、これからしっかり芽井の未来を考えなければいけないと思った
◆ 後半のテーマだけで話し合うのほうが良かったのではと、話し合いの中にも、テーマがかぶっるように感じた
◆ 次回4回目が発表だと、地域の意見を聞くといった意味での話り深かった

【Eグループ】信州大学工学部の学生の皆さん
◆ 時間が短くて、意見をまとめ切れなかった。発表はが一回だけでよかったのではないか
◆ ほとんどの機能が、他の施設に移せることに驚いた
◆ 施設を土地利用のためにどのようにしていくかがうかがうのが良く分からなかった
◆ 元気ある施設だと、土地活用、どうしたら良いか、その土地の特色がわかった

参加メンバーからいただいたアンケートで、ワークショップの進め方などに、ご要望をいただいています。今回の市民参加によるワークショップは、長野県で初めての試みではありますが、皆さんからいっそう意見をしっかりと受けとめ、公共施設マネジメントにかかる市民合意形成のノウハウを蓄積したいと考えております。ご意見・ご要望などありましたら、行政管理課までご連絡ください。
次回の意見発表の結果は、7月下旬以降にお知らせしますので回覧でご期待ください。
芽井支所までお寄せください。

図11 第3回のワークショップかわら版

最終回 市民ワークショップ
「私たちが考える、地区内公共施設再配置案」
をテーマにグループ討議を行いました

7月2日（土）芋井公民館で、市が主催する最後の「市民ワークショップ」を開催しました。
既存の公共施設の再配置についてグループ討議を行い、まとめたものとなる「芋井地区の公共施設について考える」市民ワークショップを行い、アドバイザーの前橋工科大学佐藤教授から講評いただき、長野市樋口副市長からの御礼のごあいさつを申し上げ、最後に参加者全員で記念撮影を行って芋井地区のワークショップは幕を閉じました。

各グループから、芋井地区の公共施設再配置について提案をいただきましたが、今回のワークショップで再配置の方向性は見えてきたように思います。（次ページをご覧ください）

今後、具体的な再配置計画の策定にあたりましては、今回のワークショップでいただいたご意見等を参考に、住民自治協議会をはじめとする地域の皆さまと、引き続き、協議を重ねてまいりたいと考えておりますので、よろしくお願いいたします。

市民ワークショップや公共施設マネジメントに対するご意見、ご要望などがほうしたら、遠慮なく行政管理課までお寄せください。

ワークショップの様子は、ケーブルテレビ JCVにて放送予定。また、長野市公式ホームページからアクセスしてご覧ください。

[お問い合わせ]
行政管理課 公共施設マネジメント推進室
電話：224-8402

図12　第4回のワークショップかわら版

検討対象施設のイメージ

小学校第一分校（写真左上）	中学校（写真右上）	児童センター
社会体育館（写真左下）	支所	教員住宅
	農村環境改善センター	保育園
		公民館（写真右下）

各グループの施設再配置案の概要をご紹介します

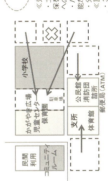

Aグループ コンセプト【みんなが安心して暮らせるまちづくり】
みんな芋井地区の人々、安心して災害に強い

《効果》
- 小中学校に機能を集約すれば世代間交流がしやすくなる
- 一箇所に集中すると災害時に被害が拡大する恐れがある（施設分散も必要ではないか）
- 学校への集約により災害対策として図書館などの施設が使いづらくなる（一部取り壊しては集会場不足解消）

《課題》
- 集約化で施設が遠くなる人がいる（足の確保）
- 高齢化で本当に使いやすいものを考える必要がある

[Aグループ] 人生の大先輩の皆さん

Bグループ コンセプト【安全性・利便性・雇用・経済性】
3つのゾーンを構築し、コンセプトを実現

《3つの集約》
- 小中学校は教育
- 支所はコミュニティ・行政サービス
- 第一分校はコミュニティ

《効果》
- 土砂災害計画区域等の安全性を確保（耐震等を）各施設ごと、指定区域内の施設（耐震性のある建物、指定区域外への施設で機能移転）
- バス路線等、交通の利便性の良い場所に行政機能が集中する
- 3つのゾーン化により新たな雇用の創出を図る

《課題》
- 民間利用により（高齢者向け・若者向け）等も誘致（設置）できるか

[Bグループ] 地域のリーダー世代の皆さん
民間利用の中島（郵便局（ATM））

前回選定した施設・方法について、自分たちがどのように関わること（支援）ができるか、将来の芋井地区公共施設再配置のかたちについてのアイデア・提案を付箋に記入し、対象施設を模式的に示した模造紙に貼りつけてもらいました。また他グループのテーブルを回り（リーダー、サブリーダーは説明のために残る）、良い案は取り入れられないか検討した後、意見集約し第4回に向けた整理とグループ発表を行いました。第3回のかわら版が図11です。

　そして再度芋井支所で開催した最終回の第4回ワークショップ（7月2日）では、長野市副市長と長野市公共施設適正化検討委員会の委員長をゲストにお呼びして、前回の振り返りを行った後、これまでのグループ作業で選定したアイデアのいいところ、それを実現する方法について発表を行いました。その後には意見交換の時間を取り、グループの発表を聞いて、他のグループのアイデアのうち、一番「面白い」「わくわくするな」と感じたものについて意見を出していただきました。最後に、委員長、堤、副市長からコメントを行い、ワークショップを終了しました。第4回のかわら版（一部）が図12です。

ワークショップ終了後の活動

　ワークショップが終了すると、自治体と住民との協働作業も終わってしまう自治体が多いのですが、芋井地区ではワークショップの参加者を中心に、芋井地区住民自治協議会正副会長及び各部会長、芋井地区大字区代表者、地区内有識者など計25名で構成された芋井地区公共施設整備検討委員会を設立されました。この委員会では、既存施設について将来にわたり必要な施設か否かを判断し、必要と判断される施設について、どこに配置したら良いかを具体的に検討し、2017（平成29）年9月には基本方針の提言を行っています[3]。

　その基本方針の中では、

・公共施設の再配置計画の整理について

・芋井地区に必要な公共施設の検討について

・必要と考えられる施設の再配置場所について

・芋井地区公共施設再配置計画の作成に当たり配慮すべき事項について

・芋井地区公共施設再配置計画の作成に係る基本方針について

・芋井地区再配置計画【最終形】について

・移転スケジュール等について

・既存施設の取扱いについて

といった地域全体の再整備を実施するために、必要な項目を網羅した結論が示されています。また基本方針のまとめでは、第一次整備、第二次整備と大きく時系列で2段階に分かれた整備手順、そして堤研究室のたたき台で主題にした分校活用案について明記されています。残念ながら堤研究室のたたき台とは異なる結論ではありますが、自治体と住民の協働作業によるワークショップを通して協議会が真剣に芋井地区の再生について検討を行った結果であることから、その内容に異論はありません。なお長野市が現時点で芋井地区の具体的な再整備を進めている気配はありませんが、いったん再整備が動き出すことになれば、この基本方針はとても有用な指針になるに違いありません。

住民ワークショップの可能性

芋井地区で開催したワークショップでは、他の自治体で開催されている多くのワークショップとは異なる多くの特徴を挙げることができます。ここでは主に三つの特徴について取り上げます。

一つは、たたき台を基に議論ができたことです。多くの自治体では、「決定していないたたき台を提示してしまうと、独り歩きしてしまう」という理由で、ワークショップの中で何も具体的な方向性を提示せずに進めてしまいます。しかし議論をゼロから行うと、具体的な形になるまで多くの時間と手間がかかります。一方で方針決定後にワークショップを実施すると、ワークショップの成果を再整備案に反映できません。つまり住民

ワークショップの成果を迅速に再整備案に反映させるためには、議論の土台になるたたき台が有用なのです。

もう一つは、年代別のグループに分けたことです。多くの自治体では「様々な年代の意見をグループ内で共有してほしい」との思いから、年代を混合したグループ作業を設定してしまいます。しかし年代混合のグループ作業では、どうしても立場が強く声が大きな高齢者の意見が通りがちです。そこで同じ年代をグループに集めることで、気兼ねなく活発な意見交換が期待できますし、グループ発表で他世代の意見を確認する年代別グループを採用すると良いと思います。

そして最も重要な特徴は、長野市職員だけでなく、協議会の会長をはじめ地域住民の方の協力と理解、そして行動です。ワークショップの準備前から協議会が独自の提案をお持ちだったこと、堤研究室のたたき台に対しても理解が得られたこと、ワークショップ後には委員会を立ち上げ基本方針を提言したことなど、芋井地区は公共施設マネジメントを積極的に受け入れて実践してくれました。円滑な再整備計画策定のためには、地区住民の方の協力と参加が不可欠です。

なお堤研究室では、芋井地区のワークショップで確立した手法を、様々な地域での住民ワークショップに活用しています。例えば 2018（平成 30）年度には、埼玉県鴻巣市や福島県会津若松市における住民ワークショップ[4, 5]や、後述する前橋市における河畔整備のワークショップなどでもこの手法を採用し、条件や環境に合わせて微調整をしながら活用しています。従来のワークショップ手法に物足りなさを感じる方は、ぜひこれらの手法を試してみてください。

参考文献

1) 長野市：「『芋井地区の公共施設について考える』市民ワークショップを開催しました」長野市ウェブサイト
  https://www.city.nagano.nagano.jp/soshiki/koukyou/132434.html

2) 会津若松市：「地区別ワークショップを開催しました」会津若松市ウェブサイト
　https://www.city.aizuwakamatsu.fukushima.jp/docs/2015071000024/#gyounin
3) 芋井地区公共施設整備検討委員会：「芋井地区公共施設再配置基本方針」基本方針
　策定 2017 年 7 月、長野市ウェブサイト
　https://www.city.nagano.nagano.jp/soshiki/imoi/159365.html
4) 鴻巣市：中央公民館エリア「公共施設」再編研究ワークショップ、鴻巣市ウェブサイト
　http://www.city.kounosu.saitama.jp/shisei/machi/1529975231057.html
5) 会津若松市：3 地域における住民自治推進並びに公共施設の有効活用に向けたワークショップ、会津若松市ウェブサイト
　https://www.city.aizuwakamatsu.fukushima.jp/docs/2018121200030/

3 使われていなかった公共建築物を活用する「文創」―台北市 [ハコモノ活用型] 讃岐 亮

　私たちにとって身近な国の一つに、台湾があります。様々な雑誌やWeb媒体で、台湾の観光地はひっきりなしに特集されますし、産業の分野でも様々な協力関係があります。一方で、台湾の人々の日本への関心と親近感もまた、非常に大きいものがあると感じます。

　さて、本節ではその台湾をとりあげます。私は研究活動の一環でたびたび台湾を訪れていますが、特に日本や台湾の公共施設、公共空間の利活用に関心を持って、台湾の方々と共同研究を続けてきました。ここでは、その過程で知った、台湾における「公共資産のとらえかた、しまいかた、つかいかた」について紹介します。

文化創造産業政策と結びつく公共資産の再興
──文創をとりまく官民連携の様々な事例

　台湾の街を歩いていると、古い民家や歴史を感じさせる建物が多く見受けられます。それらには、活用されずに空き家となっている廃屋もあれば、綺麗に手入れされた古民家もありますし、中には現代的な意匠で大改修された建築もあります。こうした建物や、それらが織りなす街並みを眺めていると、ふと、映像で見知った明治〜大正〜昭和といった近代日本の古き良き街並みが思い起こされます。そして、それらの建物やそれを取り巻く空間の多くが、若い世代を中心とした人々で賑わう場になっています。

　昨今のSNS文化、写真共有文化のおかげで、日本でも、ノスタルジーを感じさせる建物や空間に若者が集まる光景を目にすることが増えてきました。しかしながら台湾に滞在するとき、日本の街を歩いているよりも遙かに、そうした光景を目にすることが多いと感じられるのです。

　そうした現象の背景には何があるのでしょうか。様々な事業や建物の調査を経て、徐々にわかってきたのは、台湾における「歴史を大切にする価

値観、残そうとする意思」と、「そうした資産を積極的に、民間主導で利活用するしくみ」の存在です。

　2002年に、台湾政府は「挑戦2008：国家発展計画」において、文化創意産業を台湾の発展の重要な柱の一つに位置づけました。文化創意とは、古き良きものから新しいものを生み出す、という意味で、文化創意産業は、歴史や文化と創造性を結びつけた産業のことを指します。台湾では「文創」と略して使いますが、この文創の文字は、街中でもたびたび目にするほど、台湾の人々に馴染みのある言葉のようです。これらの対象範囲は、音楽、映画、テレビ、ラジオ、出版、広告、ファッション、建築、デジタルコンテンツ等、様々です。

　この文創産業政策を推し進めるのが、台湾の市政府、県政府にある文化局という部局です。文化局が講じる諸々の政策、たとえば後述する文創園区プロジェクトや、老房子文化運動などは、台湾の人々が持つ歴史文化への理解をさらに深化、発展させる原動力になっています。

　さて、先ほどの文創の対象の中で、建築と記しました。そう、文創には建築も含まれているのです。何より建築は、都市空間の中である一定のボリュームを持つ資産ですから、地域の拠点として認知されやすいものです。文創という言葉からも、真っ先に建築やそれを取り巻く空間が思い浮かぶほど、文創と建築は非常に密接に関わっています。建築物という資産を中心とした文創の事例について、台北市内にある二つを紹介しましょう。

　台北松山空港から2.5kmほど南下すると、松山文創園区というエリアがあります。この松山文創園区は、中心となる旧煙草工場の敷地と建築の他、日本の蔦屋書店が参考にしたと言われる誠品生活書店や誠品ホテルが入居する台北文創大樓や公園等も含む街区を言います。なお、この周辺には、国立国父紀念館やその広大な公園、あるいは、台湾で最も背の高いビルである台北101と周囲の高層ビル群が林立するエリアが存在し、台湾の新都心とも言うべき地区です。

　松山文創の主要な建物は、1937年に建設された国営の煙草工場（台湾総督府専売局松山煙草工場）が前身です。1998年にその役目を終えました

図13 旧国営煙草工場を再整備した松山文創

が、2001年に史跡として指定された後、文化創意産業の一大拠点として再整備され、2011年にオープンしました（図13）。

開発の形式は、民間資金等を活用する事業手法であるPFI方式の中の、BOT方式が採用されました。BOTとは、民間事業者が建設から維持管理・運営までを行い、事業終了後に国や地方自治体に所有権を移すという事業方式です。とはいえ、すべてが民間事業者の出資というわけではなく、この文創では「富邦集団」という財閥と台北市政府との半官半民で出資、開発されました。

開業以来、この施設では一年中、多種多様な文創イベントが同時開催されています。旧煙草工場の施設は旧事務所棟や旧工場など、複数の棟が存在するため、複数のイベントでも、同時開催できるのです。たとえばアニメキャラクターのイベントで家族連れや愛好家が押し寄せたり、日本でも

図14　同じく公共資産をよみがえらせた華山文創

　お馴染みのグッドデザイン賞のポップアップストアができたり、市内の大学の建築学科の学生の卒業設計展が開かれたり。市民の憩いの場になる園庭や景観池、カフェやレストラン、ワークショップも行える工房などもあり、市民だけでなく多くの観光客を呼び寄せる空間になっているのが、この松山文創園区なのです。

　同じく台北市内に、華山1914文創園区という場所があります。これも松山文創と同じく、元は公共資産だったもので、近年、文創産業拠点として蘇った事例です（図14）。

　1914年、日本の酒造メーカーが建てた酒造工場が前身で、1987年に工場としての役目を終えて以降、10年間も放置された状態にあったと言います。1997年頃に、若いアーティストたちが閉鎖された工場に忍び込んでアートイベントの会場として使われるようになり、いつしか芸術家たち

の演劇や創作活動の拠点となりました。2003年からは台湾市政府文化局の管理となり、2005年に再整備のため一旦閉鎖され、2007年には「華山1914文創園区」という名前で再オープンした、という経緯をたどっています。

　華山1914の再興は、松山文創と同じく民間事業者による事業となっています。開発の事業方式はコンセッション方式でした。日本でも見られるこの方式は、所有権を国や地方自治体が保有したまま、運営権を長期間に渡って民間事業者に売却する民営化の手法です。運営事業者は、古い工場の修復費用等にまわす資金を、新規に建設した建物での商業活動や財団運営で稼ぐ、という発想で、この華山1914を経営しています[1]。一方で、「アーティストの卵たちが集まる場」としての性格も残っています。彼らは無償で空間を利用し自分たちの芸術活動を発信・発展させる基地にしており、そして、運営者はそれを観光資源にするという戦略を描き、文創産業の発展に寄与するのです。

　今では年間2000を超えるイベント（展示、講座、コンサート等）が開催される人気ぶりのこの文創園区は、映画館、アートセンター、ライブハウス、雑貨屋、カフェ等が入居し、隣接する中央芸文公園も含めて、市民や観光客の集まる一大公共空間になっています。

　日本でも各地で文化芸術拠点としての公共施設が整備されてきましたが、文化芸術の名のつく公共施設でこれほど多くの人々で埋め尽くされるようなものはあまり見られませんし、これほど多彩なイベントが催される場も少ないはずです。台湾の文創園区にあって、日本の多くの文化芸術拠点にないものは何でしょうか。私はこんな風に考えます。

　一つは、台湾の文創産業が政策と一体であること。つまり、政策としての目標（ビジョン）が非常に明確になっているのです。先ほど触れたとおり、台湾では2002年に国家発展計画において文創を産業の大きな柱にすると宣言しました。これに呼応するように、台湾の各自治体が、自分たちの地域における資産（コンテンツ）を民有も公有もひっくるめて把握し、

地域的な文創産業発展のために官民一体となって事業を興しました。その一つが、松山文創園区や華山1914文創園区なのです。もちろん、日本でも徐々に、公共空間を楽しく使う方法や、それを実現する公民連携の事例が報告されるようになってきましたが[2]、それらはまだ、国や自治体の一貫する政策としては成立していない現状があります。そこに、台湾と日本との違いを見出すことができます。

　もう一つは、市民・国民の意識（歴史を大切にする価値観）と、公有の資産（建築や史跡、公園）とが結びついていることです。単に土地建物といったコンテンツを把握するだけでは、どんなに優れたビジョンがあろうとも、古い建造物、廃墟になりかけた建築を再構築する動機としては足りません。そこに、台湾の人々の意識とが重なって、つまりモノとヒトとがつながって初めて、公共資産利活用の強力な戦略になるのです。

　これら二つの文創園区は、台北という大都市の真っ只中にある、恵まれた立地であるという特徴も有しています。一般的に、これだけの立地であれば、再開発ビルを建てた方が、短期的な利益は大きくなるでしょう。そうではなく、価値観、歴史、文化といったヒトにまつわる長期的な財産を絡めて、都市としての財産にする。そのまちづくりの理念には、多いに学ぶべきところがあります。そして、文創を産業にするというビジョンのために、地域の資産を土地も建築も運営者も揃え、かつそこに人々の歴史・文化の価値観を重ねて、公共資産を最大限に活用する手法を官民の連携によって実現したという点で、その事業理念にも教わるべき所が多くあると思います。

　なお、ここで紹介した事例は、いずれも広大な敷地を有する大きな公共資産の利活用事例です。では、台湾には小さな事例はないのでしょうか。

　いえ、あります。それも、かなりの数です。台湾の人々の間には、先に述べたとおり「歴史を大切にする、残そうとする意識」が大きく存在します。そして、街にはそうした未利用資産がまだたくさん残されています。たとえば台北市の街中で、そうした廃屋をカフェやレストラン、雑貨屋等にリノベーションした事例をみかけたら、それはもしかしたら、老房子文

図15　老房子 Cinecafe

化運動の一環で整備されたものかもしれません。

　老房子文化運動は、台北市政府文化局がしかけた、街にある歴史的な建造物の保存活用のための政策です。全体のおよそ半数が木造、残りの半数が鉄筋コンクリート造で、延べ床面積については 300m^2 未満の建物が全体の 91 ％を占めるように比較的小さな建物が対象となっています。これらは元々は日本統治時代の官舎だったり、米軍の家族宿舎だったもので、現在の土地建物の管理者は国の財政部や台北市政府文化局、台湾銀行や台湾電力等です[3]。これらが、民間事業者の資金とノウハウによって、今ではレストランやブックカフェ、展示、アウトドア活動拠点等、様々な姿で蘇っています（図15）。

　このように、大小かかわらず、台湾の街中には、官民連携による公共資産、文化的資産の利活用事例が数多く存在します。ここにあるのは、いわ

ゆる文化財級の公共資産を、単に保存するのではなく、「市民が楽しい気持ちで利用すること」と「建物の維持管理」とを両立させるため、産業と絡めて成立させる、という試みです。民間の力を活用して公共資産を新しいサービス提供拠点として蘇らせるノウハウは、台湾の街中にたくさん転がっているのです。

街中の空閑地のしまいかた、つなぎかた　〜都市農園としての暫定利用〜

　さて、ここまでは「歴史的な建造物」や「古民家」といったものの再興事例を紹介してきました。しかしながら、街中の風景でほとんどを占めるのは、一般的な集合住宅やオフィスビル、あるいは公園、駐車場、空き地といった建築や空間です。台湾でも日本と同様に、都市の新陳代謝の中で、こうした資産が一時的あるいは長期的に空き物件になることがあります。しまいかたがデザインされずに都市の中に残されたこれらの資産についても、台湾では利活用の対象になります。これは言わば、しまいかたがデザインされずに終わりを迎えた資産の、「仕舞い方」のリデザインです。ここからは、そうした一般的な資産に注目して論じていきます。具体的には、空閑地を利用した都市農園の取組み、閉鎖されたビルの利活用推進のしくみについて、2項にわたって事例紹介を進めていくことにします。

　まず本項では、都市の中にあった空地を農園として暫定利用するプロジェクトを紹介します。

　台湾の市街地は、中高層の集合住宅や商業ビルで埋め尽くされています。そうした市街地を歩いていると、時折、公園や駐車場といった都市の中の「隙間」が現れます。高密度の街を散策する際にこうした空間に出くわすと、少しほっとするものです。

　さて、こうした隙間の一種として、近年、農園空間が数えられるようになってきました。台湾の都市農園は、その成立経緯や土地環境から主に四つに分類されますが、ここで言う「都市の空隙」を形成しているのは、快楽農園と呼ばれるタイプの農園です。1998年の台北市内景観改善のため

の「台北好好看」に端を発して、都市部に緑化空間が生み出され、市民団体がこうした空間を農園として整備したことが、都市農園の初期の動きと言われています。そして2014年に都市農業政策を掲げた柯氏が市長となり、フードシステム、生態環境、社会連結という三つの側面から各種施策が推進されてきました。その中で、学校等の公共施設の敷地内（小田園）や、建物の屋上（緑屋頂）、そして都市の空閑地（快楽農園）を利用した都市農園が、市内に広く展開されるに至ったのです。

　快楽農園は、台北市政府産業発展局の主導によって、土地の公有・民有にかかわらず、空き地を対象として設置されます。ただし、空き地の暫定的な活用の意味合いが強く、土地の用途変更は行われないという特徴があります。2018年現在までに99ヶ所が整備されており、総面積は4万1047m^2、1054人の市民が参加しているとのことです。快楽農園の管理は「里」という地区単位、または社区発展協会が行いますが、利用者の中から園長を選出するケースもあります。利用料は基本的に無料です。

　筆者が最初に出会った快楽農園の一つ、「鵬程里快楽農園」を紹介しましょう。台北松山空港から基隆河沿いに南下すると、鵬程里という地区があります。そこは6層程度の高層集合住宅や、10層以上の再開発集合住宅が建ち並ぶ住宅街です。鵬程里快楽農園は、その住宅街の中に立地しています(図16)。

　当初のこの農園の敷地は、周辺住民の暫定的な駐車場用地として企図された土地でした。しかし、周辺住民は、排気ガスによる環境悪化を問題視し、この地区（里）の代表者（里長）が市政府に嘆願書を提出します。一方の台北市政府は、2014年に市長になった柯氏が都市農業政策を掲げており、ここで住民の意思と市政府の政策とが合致したのです。市民提案を吸い上げるボトムアップ型の農園政策実践の初期の事例の一つとして、鵬程里快楽農園は2015年の7月にオープンしました。

　利用者たちは、土を耕したり、プランターを利用して、葉物野菜や花々を思い思いに育てています。野菜の栽培のため水やりや害虫駆除に精を出したり、利用者同士で談笑したり、時にテーブルを囲んで、そこで採れた

図16　鵬程里快楽農園

食材をつかった菜食料理を食したり。こうした農作業を通じて、それまで知らなかった市民同士がつながります。つまりこの快楽農園は、一種のコミュニティ形成にも寄与しているのです。都市の中の緑地という環境面での存在効果、農作業を通じた市民の余暇活動・レジャー活動の場になるという利用効果、そして、地域コミュニティの形成という媒介効果をもたらしているという点で、この快楽農園が都市の中にある意義は非常に大きいと言えるでしょう。

　台北市では、都市更新という施策を掲げ、老朽化した中高層の集合住宅を、民間事業者や住民主体で再開発にかける事業を推進しています。鵬程里には近年に建てられた高層集合住宅がいくつか存在しますが、それらは台北市政府が進める都市更新政策に基づいた再開発がなされた集合住宅です。一方、鵬程里にある多くの建物は比較的古い6層程度の集合住宅であ

り、合意形成がなされた区画から順次都市更新されていく計画となっています。この鵬程里快楽農園の敷地は、その再開発事業の地域的な種地としても位置づけられており、駐車場利用の計画はそもそも暫定的な計画でした。したがって、鵬程里快楽農園もまた、暫定的な利活用のあり方なのです。将来的には、再開発ビル・集合住宅等の用地になるとも予想できます。

先に述べたように、これは鵬程里快楽農園に限った話ではなく、そもそも快楽農園は、暫定的な利用形態であるとされています。したがって、対象敷地が農園用地に「用途転換」されたわけではなく、その土地本来の用途として利用することになった場合、農園の利用を停止しなくてはならない、という事情があります。利用者にとっての大きな課題の一つと言えるでしょう。

とはいえ、こうした共用の屋外空間を市民の活動拠点とすることで得られる市民の満足度は大きなものです。仮にそれが暫定的なものであったとしても、そうした屋外空間という公共資産の活用の意義を市民が見出すことで、将来のまちづくりプログラムに公共屋外空間の設置という新たな発想が定着するかもしれません。

ここで紹介したのは、「都市の中の空地という公共資産を、次の用途決定までの間、暫定的に利活用する」という「しまいかた」です。そのしまいかたが普及するか否か、今後も注目したいと思います。

街中に残された建築物の利活用
──Space Shareというプラットフォームについて

前項では「空地」を扱いました。続いて本節では、「取り残された建築」を対象とします。ここでは、そうした街中の資産を、どのように市政府が関与して新しい息吹を与えているのか、そのプラットフォームの紹介とともに解説していきます。

台北市の再開発プロジェクトを進める台北市都市更新處は、再開発事業を主導するだけの部署ではありません。都市更新事業を進める傍ら、2010年にURS（Urban Regeneration Station：都市再生前進基地）計画を発

表し、都市内の空き地や空き家の市民による利活用を促進する施策を推進しました。市政府が管理しつつも、市民や民間団体に貸与して都市の中の資源を活用させつつ、全体として都市を活性化させていくような構想です。一つ一つは小さいけれども、先の「文創産業」や「老房子文化運動」といったものと連動する、都市更新担当部局の取り組みが、この URS なのです。そして、URS 政策以降、少し間をおいて新たな政策が打ち出されたのが、ここで紹介する「Space Share」というプロジェクトです。

Space Share は、空きビルや空き部屋を、NPO やソーシャルワーカー、文化創造活動団体等に紹介し利活用してもらい、さらに利活用の情報を共有するという、社会の中の未利用資産の活性化を目指すプラットフォームです。もう少し詳しく説明すると、単に Space-Provider（空間の提供者）と Space-Demander（利用したい個人または組織）を結びつけるだけでなく、ノウハウやアイディアを相互に提供したり共有したりするしくみが付帯します。たとえば Demander の新規事業について運営のプランを提案したり、インテリアプランについて相談したりすることができるのです。また、Provider の提供する未利用資産がどんな風に利用されているかをこのプラットフォーム上で共有することで、また新しい Provider を生んだり、あるいはその利活用状況についてさらにブラッシュアップする議論が生まれたりします。

このように、街中に取り残された屋内空間を、そのまま解体するのではなく、街の中に存在する潜在的利用者の利用ニーズを顕在化させて、建築空間に新たな息吹を吹き込むのが、この Space Share の狙いです。ここでは建築空間も公共資産ですし、潜在的利用者もまた、公共資産となるのです。それらをお互いに見出しうる装置が、Space Share というプラットフォームなのです。

Space Share の公式サイト[4]では、こんな意味の文章があります。「私たちは公共サービスの概念を実現し、文化創造産業を社会に広めたいと考えています。そして、財産所有の限界を超えた新たな価値を提唱したい。」公共の資産とは何か、公民連携とは何か、それらに対する新たな回答を、

図17　湿地venue

このSpace Shareの理念に見出すことができます。

さて、このSpace Shareの事例として、私が調査した一つを紹介しましょう。

図17は湿地Venueです。台北市の中山駅にほど近く、日本人観光客やビジネスマンが多く集まる地区に佇む6階建てのビルで、元はホテルだった建物が10年以上も放置され、Space Shareのプロジェクトで新たな活動拠点施設として蘇っています（図17）。建物内部には、カフェや軽食レストラン、ミニライブハウス、イベントスペース、ギャラリー、オフィス等の様々な用途にあわせた空間が用意されていますが、どの空間も「それ専用」ということはなく、施設利用者のニーズに応じて使い方は無限に広がりそうです。むき出しの天井、アメリカンな雰囲気が漂う照明、センスの良いアートや内装などは、そうした創造的活動を後押しする舞台装置に

なるのかもしれません。

この建物も、躯体自体はある程度年月を経たものであり、いずれはこの地区一体の再開発がかかるものとなるでしょう。利活用が時限的なものであるという意識は根底にありつつも、その資産を今、最大限に生かすという発想をSpace-Providerが有していること、そのニーズをSpace Shareというプラットフォームが受け止めていること、更にDemanderのアイディアによって、それまでにない新しいサービスを提供できていることが、この湿地Venueの調査を通じて確認できました。言い方を変えれば、「ニーズがなくなったから終う」という単純な図式ではなく、「建物の性能と社会的ニーズを相互に見て、時限的に新たな機能を与える」という「しまいかた」がデザインされているのです。つまるところ、Space Shareというプラットフォームは、ProviderもDemanderも、「とにかくやってみよう」という精神を喚起させられる、実験が認められるような媒介なのだと思います。そうした装置を市政府が運用するという形態は、新しい時代の公民連携の形ということができるでしょう。

おわりに

公共資産をしまう、ということについて、その方法はいくつか考えられます。ここでは台湾の事例を通じて、都市の中に残された公共資産の利活用のあり方について解説してきました。これらで紹介したかったのは、しまうという言葉を見たときにすぐに思い当たる「廃止」「閉鎖」ではなく、他の方法がある、ということです。

ともすると、公共施設マネジメントの分野でよく使われる「総量削減」という言葉は、施設の廃止とか閉鎖によってサービス提供の拠点が失われる、という意味を連想させます。しかし、本来公共施設マネジメントが目指すべきものには、量的な削減だけではなく、質的な充実との両立があるはずです。

文創園区や老房子、快楽農園、Space Shareといった事例は、歴史的建造物から一般の商業ビルまで、あるいはさらに広く建築から空間まで、公

共資産としての今後の利活用のあり方、しまいかたについて教えてくれます。すなわち、国や地方自治体が所有・管理する建築や土地についてその使用が終焉するとき、あるいは別の利用価値が見いだされるとき、単に保存するとか、種地として保留しておくだけでなく、市民の利用に供し新しいコミュニティを形成するとか、新たな価値を付加して街の活性化拠点とする、といった方法がとられるわけです。保存も一つのしまいかたですが、新たな利活用の模索もまた、しまいかたの一つなのです。

　公共施設としては「終う」。公共用地としては「終う」。しかしながら、新しいサービス展開の拠点として、文創の拠点として、民の力を借りつつ再整備する。新たな利活用の模索、そして官民連携が結びつく「しまいかた」は、これからの一つの選択肢でしょう。公共資産とは、市民が共有する財産なのであって、必ずしも公共団体が保有・管理・運営する必要はありません。むしろそのサービスの質を高めるために、どんな方法があるか模索する。思考し、試行する。それだけが正解というわけでは決してありませんが、選択肢の一つとして、民間事業者のノウハウや資金を活用する方法について積極的に検討し実践する行政のしくみ、社会的なしくみは、これからの「縮充社会」[5] に向かう上で強力な武器となるはずです。

参考文献

1) 国際シンポジウム「台湾における近代化遺産活用の最前線」報告
http://sangyo-koukogaku.net/report.html
2) 馬場正尊ほか『公共R不動産のプロジェクトスタディ 公民連携のしくみとデザイン』学芸出版社、2018
3) Ryo SANUKI,Shih-Hung YANG,Hong-Wei HSIAO,Ching-Fang YU,Sangjun YI,YuChia LIAO：Study on Locational Tendency of Public Facilities in Taipei and Detailed Analysis of Old House Project, 2016 年第十屆物業管理研究成果發表會論文集、pp.1-6,2016
4) Space Share, Taipei ~ABOUT~、
https://spaceshare-taipei.net/about
5) 山崎亮『縮充する日本　「参加」が創り出す人口減少社会の希望』PHP研究所、2016

4 日本初のトライアルサウンディング実施！
公共資産を放置しない自治体戦略—常総市 ［ハコモノ活用型］

寺沢弘樹

　公共施設マネジメントの目的は、決して30年で30％などの短絡的な公共施設の総量削減ではありません。過去から現在までの行政の経営感覚不足により蓄積してきた老朽化、機能の陳腐化、需給バランスなどに対して、経営的な視点からアプローチし、公共資産を活用してアカルイミライを築いていくことこそが本来の目的であるはずです。もちろん、ほとんどの自治体で様々な主体に負担を強いる、不平不満が発生する公共施設の統廃合は不可避ですが、公共「資産」は地域コンテンツと有機的に結びつくことで、そのまちを照らすものにもなりうるはずです。

　総合管理計画や個別施設計画に代表される「計画行政」とは一線を画し、新たな財政負担に頼ることなく、独創的な取組を展開する茨城県常総市を紹介します。

ことの始まり

　常総市は茨城県南西部に位置し、123km²（南北約20km、東西約10km）の市域を抱える地方都市です。平成の大合併により水海道市と石下町が合併して誕生しましたが、近年人口減少が続き、2019（平成31）年には6万人を割り込む典型的な地方都市となっています。さらに2015（平成27）年の関東・東北豪雨では市内のほぼ中央を走る鬼怒川の堤防が決壊し、市役所本庁舎を含む市域の約3分の1が浸水する甚大な被害が生じました。

　公共施設マネジメントに関しては、2016（平成28）年度に公共施設白書を作成し、保有する23万1000m²（3.67m²/人）の公共施設を今後維持するためには、更新経費として23.9億円/年の確保が必要であることがわかりました。しかし、過去5年間での投資的経費は、前述の（国からの各種交付金・補助金や起債が見込まれる）緊急的な水害対応や東日本大震災の復

旧などの費用を含めても 22.4 億円 /年にしかならず、抜本的な公共施設マネジメントに取り組むこととなりました。

「自分ごと」として考えるプロセス

常総市では、当初、企画部企画課が行財政改革の一環として公共施設マネジメントを担当していましたが、他の自治体と同様に具体的な方向性を見出すことに苦戦していました。そのような中で、当時の担当者がPFI・PPPスクールに参加し、歳入サイドにも目を向けた自治体経営の一環として、実践をベースにした公共施設マネジメントに可能性を見出し、取り組むことを決意しました。そして、常総市にとってのキーマンの一人である神達市長にこの方向性を提案し、2017（平成 29）年度からはPFI・PPPスクールを主催していた日本PFI・PPP協会とアドバイザー契約を締結し、数多くの所管課を巻き込んだ形で実践に特化した様々なプロジェクトを展開していくこととなります。

最初に、公共施設等を取り巻く厳しい環境や全国の自治体で行われているPPP/FPI事例を紹介する職員研修を徹底的に実施し、厳しい現実と明るい未来に向けた可能性をデータ・実例で直視するとともに、共通認識としました。

各種プロジェクトの検討は、地域特性を踏まえつつ新たな予算に頼ることなく、自分たちにできることから自分たちで考え実践することを前提としています。各施設所管課の担当者がほぼ毎月、一堂に介し、車座になって各施設の抱えている課題と解決に向けた方策を徹底的にディスカッションします。毎回、少しずつ精度やリアリティを向上させながら、ビジョンや必要なコンテンツが見えた時点で随時、サウンディング型市場調査を実施し、市場性を把握、事業化に向けた諸条件の整理を行っていきます。

このように、様々な施設所管課が同一の空間で課題を共有することで、縦割り・前例踏襲・事なかれ主義などの行政的な躊躇、やらない理由が入る余地を少なくしています。例えば、「保健センターの照明が暗く検診に

図18 AI・自動運転パークとして活用された旧自動車教習所

来た子どもが泣いてしまう」という課題に対し、所管課は光熱水費の削減分でイニシャルコストを回収するため、リース（＋施設の一部貸付）によるLED化を提案しましたが、他の所管課からも同様の課題が提示され、全施設一斉のLED化という形で収斂されていきました。さらに、仕様書の作成等の事務手続き、民間事業者のノウハウを最大限に活用することと随意契約保証型の民間提案制度を有している自治体では、公共施設の一斉LED化が軒並み提案されていることを踏まえ、随意契約保証型の民間提案制度で対応できないかという方向性が見出され、制度の早期構築につながっていきました。

サウンディング型市場調査で旧自動車教習所がAI・自動運転パークに

前述の検討過程におけるテーマの一つが未利用地の処分でした。合併に伴うものも含めて多数の未利用資産を常総市は保有していますが、資産価値がそれほど高くないエリアであるため、これまで一般競争入札により売却を試みてきたこれらの土地処分は、進んでいない状況でした。

そこで、一斉に処分を考えるのではなく、まずは面積が大きく財産処分による効果が期待できる土地にフォーカスを絞って検討することとなり、三つの土地が抽出されました。そのうちの一つが旧自動車教習所です。過去にも分譲の建売住宅なども視野に入れた一般競争入札に付してきた土地

ですが、市場から完全に見離され、どのような用途でも買い手がつかない状況でした。

そこで（組織改編により業務を引き継いだ）行政経営課が中心となり、サウンディング型市場調査を実施しました。ホームページに掲載して待っているだけではなく、各種業界団体、日本 PFI・PPP 協会や日本ファシリティマネジメント協会（JFMA）など企業のネットワークを持つ団体などへの周知依頼、可能性のありそうな企業への直接の営業などを徹底的に行い、市場性を反映した売却に向けた諸条件を模索していきました。

積極的な営業、民間事業者との対話により売却の可能性が見出されたことから、サウンディング終了後、鮮度・確度の高い状況で公募を行うためすぐに準備に取り掛かり、対話終了から 10 日後にはプロポーザルコンペを実施しています。

結果的に、このプロポーザルコンペでは約 2 億 1700 万円という想像を超える高額で株式会社センスタイムジャパン（以下、「センスタイム」といいます）に売却することができました。センスタイムは世界のトップレベルの顔認証技術を有する企業で、国内大手自動車メーカーの自動運転システムの開発を行っていることから、この自動車教習所を AI・自動運転パークとして AI に自動運転の技術を学習させる場として活用することとなりました。旧自動車教習所のコース状況が比較的老朽化していたことも、AI に様々な路面状況に対応する運転技術を学習させるためには、結果的に効果的なものとなったわけです。売却・運用開始でこの両者の関係が終了するのではなく、市とセンスタイムの間では売却後も協議を継続し、公道を利用した実証実験、将来的には自動運転の技術を利用した地域公共交通の実現、更には将来的なスマートシティの実現に向けて相互に協力していくこととなっています。

常総市にとって、これまで市場に見放され負債として認識されていた旧自動車教習所が、単なる歳入確保・財産処分だけではなく、このまちの未来を拓くかもしれないプロジェクトに生まれ変わったわけです。この件で

図19 あすなろの里

は、サウンディングにおいて直接、センスタイムと接触・対話したわけではないことから、運の要素が一定程度あったことは間違いありません。一方で、市長をはじめ職員の方々が必死になって営業した事実により、情報が業界内に伝播し、どこからかセンスタイムに届いたわけですから、運を手繰り寄せたのは、旧来型行政の枠を大きく超えた前向きな姿勢と実践の賜物であったと言えるでしょう。

全国初のトライアル・サウンディングを実施

　水海道あすなろの里は、「恵まれた自然環境の中で、子どもたちが自然とのふれあいを求めながら、動植物等の育成や、生態を観察したり土に親しみながら見る、聞く、ふれることによって、知らず知らずのうちに、人間的な心のふれあいを学ぶ場」として設置された農業体験・宿泊・スポーツ等ができる施設です。教育目的を掲げているため、宿泊も含めて安価な使用料設定をしていることもあり、市の財政負担は約6000万円/年の状況となっています。

　経営改善が必須であった一方、民間事業者と連携したトガったコンテンツを取り入れることで全く異なる魅力を創出できるポテンシャルもありそうだったので、これも前述の事業化協議の枠組みで検討していくこととな

りました。

　施設所管課は当初、「教育目的なので市の財政負担（赤字が出ること）は当たり前、施設内でビジネスをすることは教育目的と反する」等の発言を繰り返し、具体的に変えていくには時間を要すると思われていました。しかし、廃止した少年自然の家を民間事業者と連携して再生した沼津市のINN THE PARKをはじめ数々の事例を紹介することや、一斉にすべてを変えなくてもロッジ棟のエリアだけ民間事業者に貸し付けてビジネスベースで活用する（それ以外のエリアには手をつけない）方法もありうることなどを通じて、徐々に関係者の認識が変わっていきました。

　そして、数ヶ月後には事業化協議において施設所管課から「そもそもあすなろの里にビジョンがないことがおかしい、入園料を無料化してコンテンツで勝負する」等の発言・提案が次々とされるようになり、ホタル鑑賞会とフードロスを結びつけた創意工夫に溢れたイベントなども続々と実施されるようになりました。これと並行してサウンディング型市場調査も実施したところ、担当者が熱意を持って営業した効果もあり、あすなろの里には高いポテンシャルがあることが確認できました。

　そうした中で偶然に行政経営課の職員が手にした『公共R不動産のプロジェクトスタディ』に掲載されていた妄想企画、トライアル・サウンディングをあすなろの里でやったら面白そうというアイディアが出てきました。トライアル・サウンディングは、従来の行政と民間事業者の直接対話による市場性の把握ではなく、実際に当該資産を民間事業者に無料で「暫定利用」してもらい、そこで得られた経験・知見・市場性を本事業に反映させていく取り組みです。従来の直接対話によるサウンディングは、構想段階から民間事業者と対話し市場性を把握することで「そもそもの失敗を防ぐ、民間の知見を事業に反映する」手段として有効ですが、机上・想定の話に留まるため、リアリティの面では不確実性を内包するしくみです。これに対してトライアル・サウンディングは、現場で実証実験を行いながら市場を確認するため、行政・民間事業者ともに少ない労力・コストで本

物の市場や課題を確認できます。行政としての手続きも目的外使用を減免するだけで実施可能なしくみとなっています。

常総市では早速、トライアル・サウンディングを着想した公共R不動産に名称使用・実施について相談を行い、快諾を得られたことから公共R不動産のサイトに掲載を依頼するとともに、実施に向けた手続きを早急に行い、全国初の取り組みがスタートします。

2019（平成31）年4月から正式に市ホームページへ掲載するとともに、担当者が「こういったことをやりたい」というイメージを持ちながら営業を実施し、5月のゴールデンウィークには第一弾として、子どものかけっこ教室×キャンプのイベントが開催されました。15組限定で行われたこのイベントは即完売し、参加者のアンケートでは「必ず次回も参加したい」が100％となるなど高い満足度が得られただけでなく、通常3000円/組程度の客単価が約3万円/組となったこと、通常営業ではあまり使われないエリアで実施できたことなど、改めてあすなろの里のポテンシャルを実証できるものとなりました。これ以外にも多くの民間事業者と多様なトライアル・サウンディングの社会実験が協議中であり、イベント単独としての効果だけでなく、あすなろの里の真のポテンシャルや具体的な利活用に向けた事業の諸条件が見えてくるでしょう。

更に一度、事業化協議から離脱してしまった吉野公園（ヘラブナの釣堀施設）も、このような流れを受けて、改めて事業化協議に舞い戻り、数ヶ月後にはあすなろの里と足並みを揃えて、全国初のトライアル・サウンディングに臨んでいるのは、特筆すべき点だと考えられます。

公共施設の可能性を探る「豊田城超観月会」を開催

常総市地域交流センター（通称「豊田城」）は、1100人収容のホール・図書室・展示室等からなる公共施設です。この施設についても事業化協議でポテンシャルの活用方法、今後の方向性などについて数回にわたり検討を行い、サウンディング型市場調査も実施しました。残念ながら、事業化協

議ではこれといった方向性を見いだすことができず、サウンディングでは対象が比較的範囲が狭かったことや営業の状況もあり、民間事業者との直接対話は実現しませんでした。

普通の自治体であれば、ここまでのプロセスで「市場性なし≒統廃合の対象」として処理してしまうところですが、常総市では、施設所管課が何とか使える方法はないかと知恵を巡らせます。2019（平成31）年2月にスーパームーンが見られることが話題になっていたことから、常総市で一番高い建築物である豊田城を使ってお酒を飲みながらスーパームーンの鑑賞会（超観月会）をやろうと思いつきます。

図20　豊田城超観月会

まずは、市長も出演するPR動画を作成し、これをSNSにアップしたうえで「いいね！」が100集まったら実施するという、わざとハードルの低い敷居を設定しました。つまり、やりたくて仕方がないわけです。

そして、施設が16：30に閉館することを利用して16：50から0：54までの間に一夜限りの酒類解禁、ロビーでのコンサート、名産品販売等、多様なコンテンツを取り揃えました。当日は、雨が降る最悪のコンディションで中止もありうるような状況でしたが、常総市ではこの天候を「オイシイ」として、予定どおりのプログラムを行い、終了間際には何とかスーパームーンも少しだけ顔を出すという象徴的なイベントとなりました。

公共施設マネジメント民間提案制度

　前述のように、常総市では施設所管課の担当者が一斉に集い、自分たちの抱える課題と解決に向けた方向性を「自分ごと」として検討し、一つずつ着実に自分たちらしく実践しています。しかし、これだけでは自治体経営上で残された時間に間に合わないこと、更に様々な実践を通じて公共資産を民間と連携して利活用することで得られる楽しさ、公共資産の存在する本来の意味を感じてきました。そこで、より一層の公共資産の利活用を推進するため、2019（平成31）年4月から随意契約保証型の民間提案制度である「公共施設マネジメント民間提案制度」を創設・実施することとなりました。

　先行自治体での事例分析と自分たちの立ち位置を冷静に分析し、常総市が保有するすべての建物と遊休地9ヶ所を提案対象とする幅広いしくみ、十分な事前相談の期間確保、民間事業者からのプロポーザルに対応するしかけなども組み込んでいます。

　随意契約保証型の民間提案制度は2019（令和元）年9月現在19自治体で実施されており、民間事業者の知的財産を守りながら創意工夫によるプロジェクトを展開するうえで非常に有効な手段となりうるもので、実施要領の作成等もそれほど難易度が高いものではありません。これ以外の自治体でも民間提案制度は数多くありますが、随意契約を保証していない民間提案制度の最大の欠点は、提案したプロジェクトが同業他社に横取りされるリスクを内包していることです。随意契約保証型の民間提案制度で行政が買っているものは、民間事業者の知的財産であることを理解すれば、このようなしくみがいかに大きな問題であるかは明白です。

　また、随意契約保証型の民間提案制度で重要なのは、いかに多くの民間事業者に地域の実情や課題に応じたビジネスベースの提案をしてもらえるかです。そのためには行政と民間事業者の対話、行政の柔軟性や実行力が大きく問われます。このような意味で常総市は、多くの施設所管課の方々が多様な民間事業者との連携・実践の経験を蓄積してきていることから、

実際に多様な事前相談が寄せられているとのことです。

庁内での共有の場

　常総市における特徴の一つが、ごく少数のスーパースター・キーパーソンに依存していないことです。個々の職員が自分の立場・役割を十分に理解しながら、事務分掌で定められた業務の「少しだけ外側」に手を自然と差し伸べる、そして一緒に手を動かしていることが大きな特徴となっています。

　これを象徴するのが、2019（平成31）年2月に実施された「公共施設マネジメントプロジェクト発表」です。市長・副市長をはじめ約70名の幹部職員に、事業化協議で議論・実践してきた五つのプロジェクトを発表し、あるいは今後実施したいプロジェクトを施設所管課から提案するものです。

　それぞれの施設所管課のプレゼン内容も実践をベースにしたものであるため、リアリティが非常に高いわけですが、全幹部職員にプレゼンできる千載一遇のチャンスとして捉え、課内で共有されていないものまで含めてサプライズの提案が相次ぐなど、「自分ごと」として取り組む常総市らしい機会となりました。前述の民間提案制度もこの場で提案されたものでしたが、市長をはじめ感触が非常に良かったことから、すぐに起案して実施するよう部長から指示が出され、約1ヶ月後には公募開始となったものです。

　また、4月には施設所管課の担当者や公共施設マネジメントに関心のある職員を対象とした職員研修、これと合わせて資産管理課から施設所管課に対するデータ提供などの協力依頼や様々な検討中のプロジェクト、ハコモノ関係の意思決定方法などの実務的な説明会も行われます。

　前述の事業化協議も含めて庁内の各課間や市長から担当者まで非常に近い距離感で、そして本音で議論しながら、自分たちらしく目の前にある課題をプロジェクトとしてまとめ実践していくための「場」の工夫も常総市らしい一面であると言えます。

常総市が示唆する公共資産のしまいかた

　公共施設等総合管理計画や個別施設計画では、「30年で30％」といった施設総量の削減が目標として掲げられ、そのために市民ワークショップ等で市民理解を得ていくのが一般的な方法論となっています。しかし、市民の方々は適切に納税し、設置管理条例で定められた施設の利用方法・利用料を負担しています。悪いことは何もしていません。行政の経営感覚不足により生じさせたこの問題を、市民に責任転嫁するのは本末転倒です。そして、行政の自分勝手なご都合主義の施設総量削減一辺倒では、アカルイミライは存在しませんし、市民の理解も得られないでしょう。

　常総市では2019（令和元）年9月現在、個別施設計画や再配置計画の検討はほとんど進んでいませんが、紙面の都合で掲載できなかった包括施設管理業務なども含め、多様なプロジェクトを展開しています。まずは行政が自分たちの襟を正し、個々のプロジェクトは決してテクニカルなものではなく、できることから実践しています。

　これまで2年以上にわたり常総市と関わってきて、他のまちと大きく異なると感じるのは、このような実践に特化した姿勢はもちろんですが、少なくとも筆者の前では関係者の誰一人として1回たりとも「言い訳」をしたことがないことです。常総市を取り巻く様々な環境を考えれば、言い訳をすることは簡単でしょう。言い訳した瞬間に思考回路は停止し、プロジェクトは止まります。「やってから考える」が常総市のスタンダートになっています。

　それともう一つが「明るい」ことです。公共資産に関わる担当者はもちろん、自治体経営・まちづくりに関わる職員や市長を含む経営層の方々がアカルイミライを目指すことが、まちの未来を拓くうえでの大前提となるでしょうし、自分たちで明確なビジョンを持ち、手を動かしていく。

　国やコンサル、そして総合管理計画に代表される「計画」が、公共施設やインフラの更新問題を解決してくれることはありません。それぞれの自治体が計画という二次元の世界でなく、三次元の現実を直視しながら一つ

ずつ実践していく。その当たり前のことを必死に実践している、「公共資産をしまっている」のが常総市ではないでしょうか。決してスマートではないですし、失敗やうまく回らないプロジェクトも多くあります。現在展開していることだけでは、この問題を解決するには全く不足していることも事実です。しかし、こうした地道で泥臭い実践の蓄積こそが今、本当に求められていることではないでしょうか。

5　個人・民間企業・自治体の協力でできた質の高い公共空間整備
　　―小布施町［インフラ活用型］　　　　　　　　　堤　洋樹

　小布施町は長野県長野市の隣にある人口約1万人の「栗と北斎と花のまち」です。今では葛飾北斎や栗饅頭などを始め、歴史的遺産や農業を活かした観光地として全国的にも認知度が高い自治体ですが、一時期は過疎化対策を講じる必要があるほどの状況でした。本書では小布施町を全国区に押し上げた数々のまちづくりの取り組みの中から、住民主体の活動である「おぶせオープンガーデン」に着目しますが、その前に「おぶせオープンガーデン」を実現する下地になったと考えられる「ゆう然楼周辺町並修景事業」をご紹介したいと思います。この事業では「小布施方式」と呼ばれる手法により、全国的に見ても非常に質の高い公共空間が住民協働により整備され、その唯一の空間に観光客が引き寄せられていると考えて良いでしょう。全国では様々なまちづくりが行われていますが、「小布施方式」はまさに持続可能な地域生活の基盤整備を実現した事例であり、お手本とすべき手法だと思われます[1][2][3]。

ことの始まり

　小布施町のまちづくりは、1976（昭和51）年に開館した北斎館の整備から始まったといえるでしょう。その後1982（昭和57）年に北斎を小布施に迎え入れた高井鴻山の「ゆう然楼」を小布施町が譲り受け、修復保存し一般公開した「高井鴻山記念館」が1983（昭和58）年に開館することで、小布施町の「歴史文化ゾーン」の中核として整備されました。

　しかしこの「高井鴻山記念館」を小布施町主体で準備している際に、有力地権者の一人である市村次夫（小布施堂）が、行政によるまちづくり3点セット「道路拡張＋建て替え＋駐車場確保」による街並み破壊を危惧し、従来の手法ではない「ふるさとづくり」を模索する活動が始まります。その結果、小布施町の歴史を生かしたまちづくりを推進しようとの声

が地元住民・事業者から強く起こり、1982（昭和57）年から小布施町・3民間企業・2個人の6者と建築家・宮本忠長の協働による「ゆう然楼周辺町並修景事業」が始まりました。

「ゆう然楼周辺町並修景事業」の概要

「修景」とは、「古い町並みを単に保存するのではなく、元の景観に通じる要素を残しつつ、古い建物は可能な限り再利用し、新築の建物は、建築の規模、様式、形、色等を既存の建物群と調和するものにして、住民の生活に溶け込んだまとまりのある新たな景観をつくること[3]」であり、地域住民の楽しい日常生活の維持が前提であり、既存のまちなみ保存の概念とは一線を画しています。

「ゆう然楼周辺町並修景事業」では、行政・個人・法人という立場を超えて対等な立場での話し合いを100回以上も重ねています。関係者が多いほど調整が難しくなりますが、立場が異なる6者の調整を行うことを考えると、その手間や苦労は並大抵ではなかっただろうと想像できます。しかし小布施町では、昔の面影を伝える大壁作りの民家等の家並みを修復するだけでなく、表通りに面し日当たりが悪く騒音に悩まされていた民家を奥まった土地へ移転し居住環境を改善、空いた表通りに店舗や金融機関を配置し中央部には駐車スペースを確保するなどの再整備が実現しています。さらに拡幅された歩道を栗の木の角材で舗装した「栗の小径」なども整備されました。これらの整備により、公共空間と個人・民間企業の建物が分離されず混在した空間が構成され、観光客がおもてなしの心を感じられる街並みが構成されました。これらの活動は、まちに個人・民間企業の敷地を「開いた」効果だといえるでしょう。

この事業の当事者だった小布施堂社長の市村次夫氏は、COREZO（コレゾ）賞受賞の際に修景事業を「混在性がないと町はおもしろくない」「町並みが古くても生活感がなければ、テーマパークと変わらない」ととても興味深い説明をしています[3]。そこで今回、市村次夫氏に直接ヒアリ

ングすることができましたので、その一部をご紹介します。

・「混在性」の重要性について

　…まちの面白さって、一つの場所の機能の複合化が大事なの。要するに、ここは食べる場所です、ここは働く場所ですといったゾーニングに対するアンチゾーニングですよ。ゾーニングは、例えば高度経済成長期の東京の工場のように規模の大きな生産施設であればともかく、町工場や工房みたいな（小さな規模の）ものは、むしろまちに埋め込まれていないと、全然面白くなくなってしまいますよ。新興住宅地が面白いですか？

　…茨城県の鹿島のコンビナートの近くに3年住んでいたんです。コンビナートというのは完全にゾーニングなんです。また鹿島の港、これも本当にモノカルチャーな港で、原料が入ってきます、原料を送り出します、しかない。そうすると港に行ったって、本当に寂しいしつまらないのです。どうして横浜や神戸などの港に比べるとつまらないのかというと、それは単機能な港だからですよね。

・「混在性」におけるセキュリティの考え方について

　…本当にセキュリティを考えるのであれば、今の住宅の周りをとり囲む塀はどうかと。通りに面した塀はともかく、隣との境はむしろ無い方が、いざというときに逃げられるし、（有効な）空間利用もできるでしょう。

　…一番効果あるのは、（塀ではなく）小中学生が道行く人々に挨拶することですよ。犯罪者が一番嫌がるんだって。（犯罪者にとっては）無関心であることが一番なので、子どもに挨拶されると「嫌な街だな」と思いますよ。ましてや大人が挨拶すると「なんだこの町は」と。」

・町並み修景事業の取り組みと思い

　…町が（高井鴻山記念館の）土地を買ったのが1982（昭和57）年で、そのままにしていたら、どこにでもあるもの（大きな駐車場ができてしまうだけ）になりそうだったので、こりゃいかんと。そこでまちの若い職員に「まちなみ保存というものを勉強してくれ、我々民間サイドも勉強するから」と。そのあと2年間ぐらい話し合いを重ねて、ようやく（関係6者で）「アメニティ契約」を結んだの。これが（街並み修景事業の）スタートなの。

　…（建築家・宮本忠長氏との関わりは）1969（昭和44）年から1970（昭和45）年頃にさかのぼるけど、その頃は私の親父が町長で、「今の小学校の建て替えを宮本さんにお願いしたら良いじゃないか、以後はすべて宮本さんでいくぞ」と。そうしたら町会議員が「癒着でないか」と反発して。でも癒着のどこが悪いのか。癒着が悪いのは、金銭の授受とか、便宜を図るとか、個人的なやり取りが問題であって、そういうことをしなければ小布施のような小さな町では有望な建築家にお願いしますとすべてをゆだね、一蓮托生で進めていく気概がないとだめ。

　…自分たち（住民主体）でこれまでもやってきたまちだから、できるかぎり自分たちでやれることはやる。そうしないと人間って面倒くさがりだから、やらない理由を考えて逃げちゃうから。

　なお特筆すべきことが、市村氏が「癒着」という言葉で表現している建築家・宮本忠長氏との協働作業でしょう。新旧建築物が調和する美しいまちなみの整備が行えたのは、関係6者の高い意識だけではなく、その意識を形に落とし込める建築家と、長い期間をかけて互いの信頼を確立することができたからです。小布施だけではなく、質の高い公共整備は、専門家も含め地域全体で長い期間をかけた協働作業がなければ、まず実現しま

図 21　町並み修景事業で整備・「共有」された「傘風楼テラス」

図 22　町並み修景事業で整備された「栗の小径」

図 23　国道 403 号の栗の木レンガで舗装された歩道

せん。住民主導のまちづくりを続けてきたからこそ、質の高い公共空間が実現することを全国に知らしめた取り組みでしょう。

「オープンガーデン」の取り組み

「ゆう然楼周辺町並修景事業」により、約1.6haの北斎館界隈が質の高い「歴史文化ゾーン」の中核として整備されましたが、この事業がその後に小布施町で展開される自発的なまちづくりの契機となり、周辺の住宅や商店にも様々な活動が広がったことは間違いありません。その代表的な取り組みが「おぶせオープンガーデン」だと思われます。

オープンガーデンとは、個人の庭などを一般の方に公開する活動のことです。1927（昭和2）年にイギリスで創立されたNGS（National Garden Scheme）という慈善団体が、個人の庭などを一般公開し、それに関わる収益を看護・医療などに寄付した活動が始まりと言われています。なお「おぶせオープンガーデン」は官民一体となって取り組んだ全国初の試み[4]として2000（平成12）年に38軒でスタートしたのですが、今ではおよそ130軒まで増えているとのことです。これは1980（昭和55）年から小布施町が取り組んできた「花のまちづくり」や小布施町に伝わる「縁側文化」「お庭ごめん」の心意気を引き継ぎ、訪れた方々を個人の庭の草花などでもてなし、交流を図る活動を小布施町全体で実施してきた大きな成果といえます。まさに住民主体の公共整備と呼べるでしょう。

この「おぶせオープンガーデン」を、個人の所有物をまちに「開く」活動に対して多くの住民が賛同し、自主的に取り組む本質的なまちづくりと位置づけるのであれば、一部の地権者や企業が中心となって進める再整備事業よりも着目すべき住民主導の公共整備です。

例えば自分の家の庭を身内や知り合いだけでなく、まちに「開く」この取り組みは、近年社会問題にもなっているセキュリティを重視するあまり外部者を排除する動きとは全く逆の活動です。なぜなら「開く」ためには、見ず知らずの他人から自分の生活を覗かれ入り込まれる可能性を「覚

悟」する必要があるからです。しかし筆者が訪れた際に「覚悟」以上に重要だと感じられたのは、綺麗な庭園に誘われて敷地に入っていくと家の中に洗濯物が干されているような生活感であり、この他人の目をあまり気にしない「ゆるさ」です。この「ゆるさ」がないと、日常的に「開く」ことは物理的な面だけでなく心理的な面からも負担が大きくなり、活動を続けることが難しくなります。この「覚悟」や「ゆるさ」を町全体で実施できる環境は、一朝一夕でできるものではありません。「ゆう然楼周辺町並修景事業」という質の高い住民協働のまちづくりから 20 年程度の時間をかけて、「外はみんなのもの、内は自分たちのもの[4]」という概念が広く小布施町全体に浸透し根付いたからこそ、住民主導のオープンガーデンが実現し発展し続けているのだと思います。

　そして小布施町が一般的な再整備事業と比較して魅力的だと感じる理由が、正しくこのまちに対して「開く」意識が具現化した街並みでしょう。残念ながら全国各地のにぎわいを取り戻した再整備事業では、ショッピングモールのような均一的なまちにしか感じられない場合が多いのが現実です。これらのまちの特徴は、外部からの集客に強い求心力が必要となるため、対象敷地の中部には開いていますが外部には閉じています。そのため、対象敷地外への波及効果は期待できませんし、特定の地域だけで完結する都市構造であり、それを自治体が誘導して良いのか疑問です。一方で小布施町では、町全体が「開く」意識を持ち取り組んでいるため、根本的に内外に開いた都市構造が構築されています。これが小布施町では他のまちとは異なる独特のあたたかい雰囲気が感じられる理由ではないでしょうか。全国的に見れば、オープンカフェや公開空地など民間企業の敷地をまちに「開く」活動は少しずつ広がりを見せていますが、個人が公共に「開く」事例はまだ数が多くありません。時間がかかる取り組みなので、まだ動いていない自治体は、今すぐに始める必要があります。

　他人からの視線や侵入を拒絶し高い塀で取り囲まれる家が連なるまちなみも、住んでいる人からすれば安心感があり住みやすいまちかもしれませ

図24　オープンガーデンの事例（左写真の中央部には実施していることを示すプレート）

ん。生活感のない古い街並みを自治体が多額の負担をして残すのも、文化継承や観光誘致による生き残りのためには必要かもしれません。しかし小布施町は、「ゆう然楼周辺町並修景事業」や「おぶせオープンガーデン」などをはじめ、多くの町民が個人の敷地を積極的にまちに「開く」活動を選択し、その結果町民だけでなく観光客にとっても魅力あるまちになりました。自治体が多額の借金をして立派な施設や公園を整備しなくても、魅力あるまちづくりは実現可能なのです。なによりも住民が楽しめないまちづくりは長く続けられないでしょう。

その後の展開

オープンガーデンだけでなく、例えば1987（昭和62）年に策定された「小布施町地域住宅計画（ホープ計画）」では、独自の家づくり・町並みづくり指針である「環境デザイン協力基準」が定められました。また2000（平成12）年に制定された「小布施町うるおいのある美しいまちづくり条例」では、広告物等に関する「小布施町景観づくりの指針―広告物設置マニュアル―」や、建築物等に関する「小布施景観づくりの指針―住まいづくりマニュアル―」が定められています。なお環境デザイン協力基準は、民間のまちづくりや個々のいえづくりのときに規制や強制するという性格ではなく、住民が小布施町の歴史・風土・特徴などを知り、住まいづくりに役立てるために策定されています。

さらに2005（平成17）年7月には、小布施町と東京理科大学との協働により「東京理科大学・小布施町まちづくり研究所」が発足し、小布施町全体がまちづくりの大学となるような環境の創出を目指しています。小布施町はこの活動をまちづくりの「第2ステージ」と位置づけ、「景観づくりからまちづくりへ」をスローガンに様々な活動が継続しています。特に2009（平成21）年に小布施町の図書館として開館した「まちとしょテラソ」を設計した古谷誠章が、「テラソ」を中心に町中に小さな図書館を点在させることを提案したのをきっかけに、2011（平成23）年に花井初代館長が町の商店などに声をかけ、賛同した住宅や店舗など10ヶ所で始まった「まちじゅう図書館」も、オープンガーデン同様にまちに「開く」注目すべき活動でしょう。なお市村氏は現在、「小布施町国道403号新しい市庭通りを創生する会」を立ち上げ、奥行きがある街並みを実現する準備を進めているとのことでした。

最後に、小布施町の取り組みで素晴らしいと思われる点が、独自のまちなみが構築できているところです。全国どこでもショッピングモールと同じようなまちづくりが展開されていますが、それでは観光者にとっても住民にとっても、魅力を持ちつづけることは難しいのではないでしょうか。

また、まちの歴史や文化は時間をかけて形成されるものですが、過去の歴史や文化を一途に守り続けることは現実的にはかなり難しい活動だと思われます。小布施町は古い建物を単に維持するのではなく、住民がまちに「開く」活動を通して「混在性」を実現し、豊かな地域生活の基盤整備が実現した事例だと考えて良いでしょう。

参考文献

1) 国土交通省「まち再生データベース　小布施町」国土交通省ウェブサイト
   http://www.mlit.go.jp/crd/city/mint/htm_doc/db/076obuse.html
2) 国土交通省「小布施のまちづくり」国土交通省ウェブサイト
   https://www.mlit.go.jp/common/001058330.pdf
3) 一般財団法人コレゾ財団「長野県小布施町のまちづくり1　小布施町並み修景事業とは？」2015 年、一般財団法人コレゾ財団ウェブサイト
   http://corezoprize.com/obuse-1-landscaping
4) 小布施町「オープンガーデン」小布施町ウェブサイト
   https://www.town.obuse.nagano.jp/site/opengarden/

6 行政×住民で河川空間を見直し、まちなかを活性化—前橋市
[インフラ活用型]
堤　洋樹

　前橋市の中心商店街の近くを流れる広瀬川は。前橋市民の憩いの場であり、心のよりどころです。河川の両脇には桜や柳など樹木や草木が多く植えられ、また文学館や近年移設された萩原朔太郎の生家や岡本太郎の「太陽の鐘」など、まさに前橋市のキャッチフレーズ「水と緑と詩のまち前橋」を具現化している場所だといえるでしょう。しかし残念ながら散策をする人はまばらで、その寂しさは全国的な社会問題でもある地方都市の衰退を映し出しているようにも感じられます。そこで堤研究室では、中心商店街の住民とともに広瀬川に気軽に立ち寄る工夫や使い方を検討する住民ワークショップを開催し、その成果を前橋市に提言しました。その後前橋市は本格的な広瀬川の再整備を進めることになりますが、堤研究室はワークショップの取り組みを知った前橋市からの依頼を受け、広瀬川再整備の実施計画策定に協力することになりました。本章では住民の提案を取りまとめたワークショップが実施計画策定にまでつながる流れを中心にご報告したいと思います。

ことの始まり

　堤研究室では前橋市からの要請を受け、2014（平成26）年度から空き家に関する実態調査や分析、活用方法の検討、シンポジウムの開催など、様々な活動を行ってきました[1][2][3]。その一環として、2015（平成27）年6月からは「空家部会」と名付けた勉強会を毎月1回、一般公開を前提に商店街周辺の会場をお借りして開催しています。

　当初「空家部会」は、空き家の利活用について先駆者の方にお話を伺う勉強会でしたが、その後まちなかの活性化を目的とした空き家の具体的な活用方法を検証するため、商店街や広瀬川周辺の空き家を改修したいと情報収集を行っていました。しかし不動産会社や「空家部会」に参加してい

ただいている商店街の方など様々な方に協力いただいても、なかなか見つかりません。このような状況のなか、参加者の一人だった市役所職員から、2016（平成28）年の秋に「広瀬川沿線を景観形成重点地区に指定し、建築物等の景観ルールを定めるために活動している広瀬川デザイン協議会に、公共施設マネジメントの視点から協力してもらえないか」と依頼がありました。また2017（平成29）年度には、広瀬川河畔の再整備を行う計画が前橋市で検討されていることが判明しました。

　そこで「空家部会」では、空き家だけに限定せず広瀬川の勉強会や見学会を行うなど、広瀬川周辺における空き家活用や再整備の事例研究（図25）や手法検討を始めました。また2016（平成28）年10月にはBaSSプロジェクトが立ち上がりましたので、「空家部会」をBaSSプロジェクトの一環として位置づけ、公共施設マネジメントの視点から広瀬川の再整備案を検討することになりました[4]。

住民ワークショップの実施準備

　当初再整備案の検討は、前橋市資産活用推進室との協働作業で行い、その成果を広瀬川周辺に住む住民とともに修正を加え再整備の実現を目指す予定でした。しかし様々な事情から、前橋市との共同作業は断念することになりました。そこでBaSSプロジェクトでは、先に住民との協働作業で広瀬川の再整備案を作成し、それを前橋市に提言することにしました。

　そこで改めて広瀬川流域の散策を繰り返しながら利用方法を検討してみると、次のような状態であることがわかりました。

・歩道や植栽（緑地）は良く整備されているが、抜道として利用されている道路の通行量が多く落ち着かない

・石碑・銅像だけでなく小川や噴水などが多数設置されているため歩道の幅が取れず狭い箇所が多い

・特に低木の植栽が育ちすぎているため、圧迫感があるだけでなく、視野が遮られ暗く怖い感じがする

3-2 河畔地図ゾーニング
厩橋から久留万橋までの広瀬川河畔地区を下図のようにゾーン区分し、それぞれの整備イメージを示す。

図25 『広瀬川河畔地区まちづくり調査報告書』（2015年度）で示された整備計画

・これまでにも複数の団体から多くの整備計画が提案されてきた[5]が長年実施に至らなかった

　また広瀬川の一部が区画整理事業計画に入っていたため、区画整理の見直しも含め道路を封鎖し緑地にコンバージョンすることで、単なる通路ではなく日常的に地域住民が立ち寄る空間に変える可能性を検討することから始めました。

　そして2017（平成29）年2月に、前橋市の中心市街地にある九つの商店街を取りまとめている前橋中心商店街協同組合（以後「中心協」）に、「住民の立場から公共施設やまちづくりの整備の方向性について検証するため、広瀬川河畔緑地を対象に地域の声を聞くワークショップを開催したい。各商店街からご協力いただける方を集めていただけないか」と依頼し、了解を得ました。この中心協と「空家部会」メンバーの協力により、広瀬川周辺の主要な関係者と堤研究室の学生を合わせて30人前後集めることができたため、4～6グループに分かれて作業を行うことになりました。

「広瀬川周辺整備を住民と共に考える」ワークショップの開催

第1回ワークショップは2017（平成29）年3月17日に開催しました。グループ作業では、様々な年代や立場の方に来ていただいたこともあり、参加者同士で広瀬川の由来や前橋市の特徴などを確認し、

・まちの魅力と改善点
・将来の可能性

について話し合い、その内容を県外出身の大学生が取りまとめました。その成果が、図26のかわら版『広瀬川だより』です。

図26　広瀬川だより

なおこの成果を受けて、堤研究室では第2回ワークショップで住民に提案するたたき台の検討を行いました。その結果、「大掛かりな整備ではなく、今ある環境を活用した周辺住民が気軽に立ち寄るきっかけ作り」を目指し、住民から自治体への提案を前提とした「タチヨル」と呼ぶ三つの小さな整備（タチヨルでんとう・タチヨルつくえ・タチヨルかわどこ）と既存整備の整理（一部撤去）、さらに緑地と道路の一体化を提案しました。

第2回ワークショップは5月19日に開催し、前回の振り返りのなかで「人が少ないと新しい店はできない→多くの人が「タチヨル」空間になれば実現する」ことを確認しました。その後に堤研究室の学生からたたき台の説明、前橋商工会議所から広瀬川テラス構想の概要説明と、産学からの整備提案を説明していただきました。またグループ作業では、「どのようなきっかけがあれば自分が広瀬川に〈タチヨル〉のか」について、

・三つの「タチヨル」が自分（の好きなこと）に使えるか確認する
・三つの「タチヨル」を日常的に使う工夫を検討する

図27 第2回かわら版

図28 広瀬川通信 vol.2 より

・三つの「タチヨル」ではなく自分の「タチヨル」を提案する
を模造紙にとりまとめ、どんな「タチヨル」が出てきたか発表してもらいました。その成果が図27のかわら版です。

　なお各グループから出た「自分の〈タチヨル〉」案を確認・整理した結果、第3回ワークショップでは第4の「タチヨル」（タチヨルBBQ）を追加した四つの「タチヨル」を再度提案したたたき台を作成することになりました。

　第3回ワークショップは6月20日に開催し、前橋市から広瀬川河畔整備にかかる計画説明を行っていただくことで、前回説明を踏まえると産官学の整備提案が出そろいました。そこで堤研究室の学生から四つの「タチヨル」について、広瀬川の整備に何が求められているのかの視点から説明を行いました。またグループ作業では、「〈タチヨル〉選挙」と題し、四つの「タチヨル」から一つを選ぶ前に、

・「タチヨル」を一つ選びその「理由」をできるだけ多く書き出す
・選んだ「タチヨル」の「理由」は自分の生活をどう変えるのか検討する
・選んだ「タチヨル」のキャッチフレーズと概要を検討する
を模造紙にとりまとめ、選挙活動さながらの発表を行ってもらいました。その選挙結果が図28の「広瀬川通信」（一部）です。

　これら3回のワークショップで作業自体は終了しましたが、最後にワークショップの成果報告も兼ねて2018（平成30）年1月に臨江閣（前橋市）でBaSSプロジェクトのシンポジウム「公共施設マネジメントのススメ方〜"公共資産"整備の実現に向けた取り組み〜」を開催しました。ワークショップではどうしても参加人数が限定されるため、その成果をいくら広報しても一般の方が知る機会は非常に少ないと考えた方が良いでしょう。そのため自治体と開催するシンポジウムには、できる限り首長をお呼びし、ワークショップの活動をできる限り多くの住民と自治体職員に認知してもらうことが望ましいと思われます。

図29　BaSSシンポポスター　　　図30　広瀬川通信 vol_3

前橋市が開催する市民ワークショップに発展

　2018（平成30）年4月に入ったところで、堤研究室では前年度の成果を踏まえ、次は前橋市と共同で「タチヨル」プロジェクトをどのように具体的に実現させるか、前橋市との協議を行う準備を行っていました。しかし人事異動や広瀬川河畔の担当部局が変更になったことで、話がなかなか進みません。また前橋市が進めていた広瀬川河畔の再整備も、一旦中止が決定しました。そのため堤研究室では、空き家を活用した事業の検討を再度行っていました。

　ところが11月ごろに、新しく広瀬川河畔整備の担当部局になった市街地調整課から、「今年度実施計画を策定したいので協力してほしい」と連絡がありました。緑地と道路の一体化や既存整備の整理など、整備の方向性も「タチヨル」プロジェクトと一致していたため、二つ返事で了解しました。しかし2018（平成30）年度中に主に近隣住民を対象とした住民ワー

クショップを 3 回開催したいとの時間的に厳しい要望があり、しかも 12 月中に第 1 回を開催するには、準備期間が 1 ヶ月程度しかありません。そのため堤研究室のワークショップ手法を改良し、「広瀬川河畔緑地再整備ワークショップ〜広瀬川を活かしたまちづくりを考える〜」と題した住民ワークショップを 3 回、さらに年度をまたいで成果発表会を行うことになりました。

　なお最も前橋市と議論になったのは、たたき台を準備する時間がないことです。実は前橋市は 2018（平成 30）年度から「前橋市アーバンデザイン」の策定に向けた準備を行っていました。もちろん前橋市民の心のよりどころでもある広瀬川河畔は「前橋市アーバンデザイン」の対象地域に含まれていましたが、具体的なイメージは準備できていませんでした。また「タチヨル」プロジェクトは住民からの提案を前提にしていたため、今回の整備対象範囲や規模が大きく異なり、アイデアを直接使うことはできません。そこで第 3 回までに「前橋市アーバンデザイン」のスケッチを準備することを前提に、第 1 回を行うことになりました [6]。

　第 1 回ワークショップでは「整備の必要性を考える」をテーマに、周知の時間も短かったため 2018（平成 30）年 12 月 8 日と 13 日の 2 回に分けて開催しました。最初に開催趣旨やこれまでに検討された広瀬川河畔の整備の方向性などの説明を行った後、グループ作業では、

・作業①：広瀬川で実現したいあなたの活動・行動をできるだけ書き出す
・作業②：活動・行動を行う範囲や方向性（コンセプト）をグループで取りまとめる
・作業③：作業②を実現するために気になる（良い・悪い）ところをできるだけ書き出す

について、模造紙に描かれた広瀬川河畔の地図上に貼り付けた付箋で議論し、その内容を発表してもらいました。その結果が、図 31 のかわら版「広瀬川だより vol.1」です。

　第 2 回ワークショップ「日常的な使い方を考える」は 2019（平成 31）

図31 広瀬川だより vol.1 より

年1月21日に開催し、前回の振り返りでは数多くの意見を「活動と静養」「団体と個人」という2軸を使って整理し、近隣住民が求める整備の方向性を示しました。またその分析結果を反映すると整備範囲を三つに区分して検討を行うことが望ましいと考えられたため、グループ作業では、

・作業①：「太陽の鐘エリア」を中心に「エリアのテーマ」を設定し、「活動」「整備」を整理する
・作業②：「太陽の鐘エリア」を中心に「エリアのテーマ」を設定し、「活動」「整備」を整理する
・作業③：「交水堰エリア」を中心に「エリアのテーマ」を設定し、「活動」「整備」を整理する

について、模造紙に描かれた広瀬川河畔の地図上に貼り付けた付箋で議論し、その内容を発表してもらいました。その結果が、図32の「広瀬川だ

より vol.2」です。

　第3回ワークショップ「将来への展開を考える」は3月19日に開催し、前回の振り返りの後に、グループ作業では、

・作業①：これまで検討した「活動」がどの場所で実現できるか確認する
・作業②：「活動」するのが難しいなど整備案で気になる部分は改善案を示す
・作業③：将来への展開を考慮し広瀬川整備の「キャッチコピー」と「説明文」をつける

について、模造紙に描かれた広瀬川河畔の地図上に貼り付けた付箋で議論し、その内容を発表してもらいました。その結果が、図33の「広瀬川だより vol.3」です。

　なお2019（平成31）年度に入ってからの発表会については、前橋市が開催する「めぶくフェス」の一環として7月7日に行われました。残念ながらワークショップ参加者からの発表や市長との掛け合いは実現できませんでしたが、まずはどんな形でも次につなげる流れを作ることが重要だと思われます。

住民からの提案の可能性

　ハコモノと呼ばれる公共施設以上にまちづくりには多くの時間と手間が必要になります。実現するまでには10年から20年程度かかると考えていた方が良いでしょう。また整備が決定しても、実現までには何度も休止や変更が行われるなど、紆余曲折が続くと思われます。今回の「タチヨル」プロジェクトのような住民主体の活動が、実際の政策や整備に反映されることになったのは、単に運が良かっただけかもしれませんし、今後の展開によっては実現しない可能性もあります。しかし活動しなければ、政策に反映されることはありません。まずは地道に自分ができることから始めることが必要でしょう。

　ただし、どんな活動でも良いわけではありません。これまでの経験を通

図32 広瀬川だより vol.2 より

図33 広瀬川だより vol.3 より

して、実現につなげるためには、

・できるだけ多くの人を巻き込み、自治体や地域の人に認知してもらうこと

・「自分が欲しいもの」を要求するのではなく、「自分でやること」の利点を提案すること

・公共施設や整備に依存せず、民間企業を誘致・出資を促せないか検討すること

・自治体はお金は出せないが、制度を作る・変えることはできることを上手に活用すること

・過剰な整備は逆に自由な活動を制限するため、「最低限の整備」を明確にすること

などを踏まえた活動を続け、自治体に何度も成果を提示することが必要だと思います。

　従来の公共整備では、民間企業では難しい施設整備を自治体が肩代わりして誘致を促していた部分も多いと思われます。しかし従来の考え方で公共整備を進めても、多くの自治体では民間企業の肩代わりどころではなく、民間企業が興味すらもたない状況にあると思った方が良いと思います。そのため今後は民間企業の誘致だけではなく、前述した小布施町のように地域住民の活動を活性化させ、地域住民から魅力を発信する公共整備が求められるでしょう。そのためには自治体主体の公共整備ではなく、住民主体もしくは住民協働の公共整備が不可欠です。仮に地域住民全員の協力を得ることは不可能でも、自治体はやる気がある地域住民が積極的に活動できる環境を整備する必要があるでしょう。住民も自治体に頼りすぎるのではなく、自治体を変えるつもりで活動を始めることが求められます。住民主体のワークショップは、住民主導もしくは住民協働を実現する有用な取り組みだと考えられます。

参考文献

1) 堤研究室：空き家を活用した定住促進事業、2014（平成26）年度前橋工科大学地域課題研究事業、2015.3
2) 前橋市、前橋工科大学：空き家シンポジウム これからの空き家に求められる「こと」「もの」、臨江閣別館大広間、2019.1.26
3) 高崎経済大学地域科学研究所編『空き家問題の背景と対策』日本経済評論社、2019.3
4) BaSSプロジェクト：前橋「タチヨル」プロジェクト、BaSSプロジェクトサイト
http://rdm-lab. net/i-gene/blog/category/maebashi/
5) 前橋市『広瀬川河畔地区まちづくり調査報告書』前橋市ウェブサイト
https://www. city. maebashi. gunma. jp/sangyo_business/1/2/4/9994. html
6) 前橋市「広瀬川河畔緑地の再整備を検討しています」前橋市ウェブサイト
https://www. city. maebashi. gunma. jp/soshiki/toshikeikakubu/shigaichiseibi/oshirase/20496. html

おわりに　〜「公共資産」を「地域資産」に〜

　本書では、一般的には「公共施設マネジメント」と呼ばれる概念を、「しまう」という視点から再構築することで、従来の公共資産（ハコモノ＋インフラ）の整備方法を見直し、新しい公共資産を生み出す方向性や手法を提示するとともに、その具体的な事例を紹介してきました。今までの「公共施設マネジメント」に対するイメージは、本書を読んでも同じだったでしょうか。

　「公共施設マネジメント」と聞くと、なんだか知らないうちに日頃使っている公共施設がなくなってしまうのではないかと心配になる方が多いようです。一方で大きな公共施設を建設する計画が持ち上がると、日照や騒音などの被害を受けるのではないかと反対運動が起こる場合もあります。このように公共施設の整備にはネガティブな反応を示す人が多いことから、老朽化した公共施設を早急に再整備しなければならない場合でも、自治体職員はできる限り反対意見が出ないように、なるべく現状どおりの公共施設整備を進めてしまう傾向があります。さらに自治体内や住民らとの調整の中で上がってくる様々な要望に対応しているうちに、当初の整備方針から少しずつ脱線してしまい、気が付くと過大な規模や設備になってしまうことも少なくありません。それでも人口増加が前提であった時代は、いずれ必要になるからと楽観的な対応が許されたため、あまり問題にはなりませんでした。しかし今後は従来同様の対応を繰り返すことはできない状況であることは明白であり、だからこそ全国の自治体が「公共施設マネジメント」に注目しているのです。

本書で何度も繰り返して説明していますが、公共施設を「しまう」とは、単に施設を減らすことではなく、質の高い公共サービスを提供できる状態にすること・なることを目指した活動なのです。質の高い公共サービスは、その地域の産業や生活を向上させる基盤となります。そして公共サービスに求められる内容は、立地や環境が大きく異なるため、公共施設に求められる公共サービスも地域によって形や機能が異なるはずです。またハコモノだけでなく、インフラも同様に地域によって形や機能が異なります。それならば、「公共資産」は地元産業や伝統産業などと同様に重要な「地域資産」であるはずです。しかし皆さんの住んでいる地域には、胸を張って「地域資産」と呼べる「公共資産」があるでしょうか。魅力がある「公共資産」が地元のどこにあるかすぐに思いだせるでしょうか。

　ここで少し話は変わりますが、最近アメリカを中心に世界中で話題になっている「こんまりメソッド」をご存じでしょうか。「こんまり」こと近藤麻理恵氏が提唱する「片づけをすることで、人生を変える」メソッドのことですが、その最大の特徴が、片づけした後に残すものを「ときめくかどうか」の基準で選ぶ方法です。この方法を始めて聞いたときに、「公共資産」でも全く同様ではないだろうかと思いました。必要でないからと言って何でも削減するのではなく、「ときめく公共資産」であれば残す、つまり継続的な運用を検討するべきでしょう。一方で「ときめかない公共資産」は民間企業などと連携しながら積極的に手放し、新しく整備する必要性があるならば「ときめく公共資産」を整備するべきだと思います。

　例えば5章で示した6事例は、どれも「ときめく公共資産」の整備を目指した事例、もしくは実現している事例であり、自信をもって「地域資産」の整備をしていると言えるでしょう。このように「しまう」ことは決してネガティブな活動ではありません。どちらかと言えば、地域産業の活性化や豊かな生活の実現を目指すポジティブで楽しい活動なのです。確かに少し面倒で大変な作業が必要になるかもしれませんが、本気で向き合わなければその楽しさを感じることはできません。誰もが地元産業や伝統産

業を直接盛り上げることはできなくても、誰でも「公共資産」を「地域資産」にする活動には参加することができるはずです。年齢や立場などに関わらず、まずは「公共資産」に関心を持つところから始め、できる範囲で空間を「共有」し、できることから「協働」していただければ、間違いなく「公共資産」は「地域資産」に変わるはずです。

　2019 年 9 月 12 日

　　　　　　　　　　　　　　　　　　　　　　　　堤　洋樹

編著者

堤　洋樹（つつみ　ひろき）
前橋工科大学准教授、博士（工学）。早稲田大学助手などを経て現在に至る。著書に
『公共施設マネジメントのススメ』（建築資料研究社）など。

著　者

小松幸夫（こまつ　ゆきお）
早稲田大学教授、工学博士。東京大学助手、新潟大学助教授、横浜国立大学助教授を
経て現在に至る。著書に『公共施設マネジメントのススメ』（建築資料研究社）など。

池澤龍三（いけざわ　りゅうぞう）
一般財団法人建築保全センター保全技術研究所第三研究部次長。佐倉市職員を経て現
在に至る。著書に『公共施設マネジメントのススメ』（建築資料研究社）など。

讃岐　亮（さぬき　りょう）
首都大学東京建築学科助教、博士（工学）。同大学特任助教を経て現在に至る。受賞
歴に、日本都市計画学会論文奨励賞、台湾物業管理学会優秀論文賞など。

寺沢弘樹（てらさわ　ひろき）
特定非営利活動法人日本PFI・PPP協会業務部長。元流山市職員。全国の自治体、
民間事業者とともに実践的な公共資産活用に取り組む。

恒川淳基（つねかわ　じゅんき）
日本管財株式会社マーケティング推進部。前橋工科大学大学院建築学専攻を修了後、
現職にて建物管理の視点から公共施設マネジメントに取り組む。

公共施設のしまいかた
まちづくりのための自治体資産戦略

2019 年 11 月 20 日　第 1 版第 1 刷発行
2020 年 3 月 20 日　第 1 版第 2 刷発行

編著者	堤　洋樹
著者	小松幸夫・池澤龍三・讃岐　亮
	寺沢弘樹・恒川淳基
発行者	前田裕資
発行所	株式会社学芸出版社
	京都市下京区木津屋橋通西洞院東入
	電話 075-343-0811　〒600-8216
	http://www.gakugei-pub.jp
	info@gakugei-pub.jp
編集担当	岩﨑健一郎
DTP	梁川智子（KST Production）
装丁	中川未子（よろずでざいん）
印刷	イチダ写真製版
製本	山崎紙工

©Tsutsumi Hiroki 2019　　　　Printed in Japan
ISBN978-4-7615-2726-6

JCOPY《（社）出版者著作権管理機構委託出版物》
本書の無断複写（電子化を含む）は著作権法上での例
外を除き禁じられています。複写される場合は、そのつ
ど事前に、（社）出版者著作権管理機構（電話
03-5244-5088、FAX03-5244-5089、e-mail:
info@jcopy.or.jp）の許諾を得て下さい。また本書を代
行業者等の第三者に依頼してスキャンやデジタル化す
ることは、たとえ個人や家庭内での利用でも著作権法
違反です。

好評発売中

リノベーションまちづくり　不動産事業でまちを再生する方法

清水義次 著
A5 判・208 頁・定価 本体 2500 円＋税

　空室が多く家賃の下がった衰退市街地の不動産を最小限の投資で蘇らせ、意欲ある事業者を集めてまちを再生する「現代版家守」（公民連携による自立型まちづくり会社）による取組が各地で始まっている。この動きをリードする著者が、従来の補助金頼みの活性化ではない、経営の視点からのエリア再生の全貌を初めて明らかにする。

RePUBLIC　公共空間のリノベーション

馬場正尊＋ Open A 著
四六判・208 頁・定価 本体 1800 円＋税

　建築のリノベーションから、公共のリノベーションへ。東京R不動産のディレクターが挑む、公共空間を面白くする仕掛け。退屈な公共空間をわくわくする場所に変える、画期的な実践例と大胆なアイデアを豊富なビジュアルで紹介。誰もがハッピーになる公園、役所、水辺、学校、ターミナル、図書館、団地の使い方を教えます。

地方都市を公共空間から再生する
日常のにぎわいをうむデザインとマネジメント

柴田久 著
A5 判・236 頁・定価 本体 2600 円＋税

　公園の環境悪化、小学校の廃校跡地、中心市街地からの百貨店撤退、車中心の道路空間等、地方都市が直面する公共空間・施設再生の処方箋。多くの現場で自治体・市民と協働してきた著者は、日常的に住民が集い活動できる場の創出こそが経済的な好循環にもつながると唱え、その手法を実例で詳述。行政職員・コンサルタント必携。

学芸出版社　| Gakugei Shuppansha

- 図書目録
- セミナー情報
- 電子書籍
- おすすめの1冊
- メルマガ申込
  （新刊＆イベント案内）
- Twitter
- Facebook

建築・まちづくり・
コミュニティデザインの
ポータルサイト

WEB GAKUGEI
www.gakugei-pub.jp/